◆ 国家社会科学基金项目

隐性知识管理视域下

曹连众　著

中国社会科学出版社

图书在版编目（CIP）数据

隐性知识管理视域下中国雪上项目优秀运动员培养理论及机制创新研究／
曹连众著.—北京：中国社会科学出版社，2016.7
ISBN 978 - 7 - 5161 - 8565 - 0

Ⅰ.①隐⋯ Ⅱ.①曹⋯ Ⅲ.①雪上运动—优秀运动员—人才培养—研究—
中国 Ⅳ.①G863.02

中国版本图书馆 CIP 数据核字（2016）第 157957 号

出 版 人	赵剑英
责任编辑	孔继萍
责任校对	石春梅
责任印制	何 艳

出 版	中国社会科学出版社
社 址	北京鼓楼西大街甲 158 号
邮 编	100720
网 址	http://www.csspw.cn
发 行 部	010 - 84083685
门 市 部	010 - 84029450
经 销	新华书店及其他书店

印刷装订	北京市兴怀印刷厂
版 次	2016 年 7 月第 1 版
印 次	2016 年 7 月第 1 次印刷

开 本	710×1000 1/16
印 张	11
插 页	2
字 数	180 千字
定 价	42.00 元

凡购买中国社会科学出版社图书，如有质量问题请与本社营销中心联系调换
电话：010 - 84083683

序　言

　　2005 年我在大连理工大学开始了博士求学生涯，在导师王前教授及导师组各位老师的引领下，我对知识管理的相关理论产生了浓厚的兴趣，并进行了系统的学习。由于自己本科所学的是体育专业，且长期工作在体育院校，对竞技体育人才培养的理论及实践有了一定的了解。读博士以后，随着我对知识管理相关理论及实践认识的加深，让我萌发了这样一个想法：知识管理的相关理论及技术是否可以应用到竞技体育人才培养之中呢？带着这个问题，我多次和我的导师王前教授探讨，王老师的悉心点拨让我加深了在竞技体育实践中应用知识管理理论及相关技术可行性的理解，也更加坚定了尝试开辟这样一个新的研究领域的信心和决心。2007 年，我将博士论文题目确定为《竞技体育人才隐性知识的测评与管理》，顺利通过开题后，进入了正式研究阶段。之后，围绕这个研究领域，我组建了研究团队，获得了一些项目资助，陆续发表了一些文章。2006 年，课题《基于知识管理理论的竞技体育人才管理与评价研究》被国家体育总局列为体育社会科学研究项目立项资助，在 2006 年至 2008 年的近三年中，我们进行了繁重的随队调研工作，获得了大量、翔实的第一手资料，撰写了 15 万字的研究报告，此报告被评为国家体育总局"十一五"哲学社会科学优秀成果二等奖和辽宁省第十一届哲学社会科学成果三等奖（政府奖），这是专家及同行对我们研究成果的最大褒奖。2010 年，我顺利通过博士学位论文的答辩，论文得到答辩组各位老师的一致肯定。2011 年 6 月，我申报的国家社科基金项目《隐性知识管理视域下我国雪上项目优秀运动员培养理论及机制创新研究》（项目批准号

11BTY048）获批立项，经过三年多的研究实践，2015 年 3 月课题通过国家哲学社会科学规划办公室的审核，顺利结题，鉴定等级为优秀。本书作为此项目的最终研究成果，既体现了我的博士学位论文的许多学术思想，也是我近十年有关此领域研究成果的一个总的概括。

21 世纪是知识竞争的社会，具有丰富专业知识的人才成为各类组织的宝贵财富，人才的数量及质量决定着组织的未来。尤其是在竞技体育领域，竞技体育竞争的根本就是竞技体育人才的竞争。竞技体育人才特别是优秀竞技体育人才作为竞技体育发展的主导力量，其自身所具有的丰富知识以高水平的比赛能力为主要形式在竞技体育运动实践中发挥作用，这些知识不仅是运动项目组织形成优势特色的前提和基础，更是构成其核心竞争力的不可或缺的重要因素。随着信息技术在组织中的广泛应用，使得优秀竞技体育人才的显性知识容易保存、传播和共享，这些知识不仅容易被运动项目组织的其他成员学到，同时也会被竞争对手学到；相反，隐性知识却不易保存、传播、共享和转化，无论是运动项目组织成员，还是竞争对手都很难学到，因此，竞技体育人才隐性知识成为运动项目组织构筑自己竞争优势以提升组织核心竞争力的关键。知识管理理论与实践的发展及在竞技体育运动实践领域的应用，为有效管理竞技体育人才的隐性知识提供了前提。

冬奥会项目结构的基本特征是"雪重冰轻"，要做大做强冬季项目，雪上项目是关键。我国从 1980 年首度出征冬奥会至今，共取得 53 枚奖牌，雪上项目仅贡献 8 枚，冰上和雪上项目各自取得的成绩失衡严重。冰上、雪上项目参赛人数也明显失衡，中国代表团近两届冬奥会的 310 名运动员中，雪上项目仅为 111 人，我国雪上项目发展水平不高和运动员短缺的严峻形势凸显。面对雪上项目发展的严峻现实，选择以隐性知识管理的相关理论和技术为支撑，来研究我国雪上项目优秀运动员的培养问题，不仅可以为教练员、运动员科学地训练和比赛提供必要、急需的理论和技术支持，不断提升运动员的隐性知识水平和比赛能力，使雪上项目优秀运动员培养的质量和速率大大提高，也将有效地促进我国世界一流水平雪上项目运动员培养的成功经验得到及时、广泛的推广，使若干雪上项目获得可持续的竞争优势，以全面提升我国雪上项目的综合竞技实力。另外，以隐性知识管理理论为基础，系统研究与我国雪上项目优秀运动员培养有关的隐性知识管理的基本理论问题，进而建立符合我国国情的雪上项目优秀运动员培养理论体系和培养机制，不仅可以拓展隐性知识管理理论的应用领域，更重要的是，隐性知识管理理论为优秀运动员的培养提供了一个新的视角，经过探索与实践所形成的成果必将理论化、系统化，在一定程度上促进优秀运动员培养理论体系的不断丰富和发展。

本书以知识管理的视角来研究运动员培养的理论与实践问题，是知识管理理论与运动员培养理论交叉融合研究的一种实践探索，不仅可以在一定程度上促进相关理论的丰富和发展，更重要的是把运动员培养问题放在运动项目组织整体知识能力的框架下，以运动员隐性知识的基本理论问题研究为原点，在对隐性知识对于提升运动员培养质量重要性论述的基础上，提出了基于隐性知识管理视角的我国雪上项目优秀运动员的培养理论和机制，对于提升我国雪上项目优秀运动员培养的质量和数量，提高运动项目组织的核心竞争力，促进我国冬季项目"冰雪"协调发展，具有较强的理论和实践价值。

本书主要研究内容有以下四个方面。

1. 厘清了隐性知识管理视域下与我国雪上项目优秀运动员培养相关的一些基本理论问题。

本书以知识管理和体育学的相关理论成果为基础，吸收哲学、心理学、教育学、管理学、计算机科学等相关学科对隐性知识的研究成果，充分考虑到雪上项目运动员主体的特点，将雪上项目运动员隐性知识定义为"在训练和比赛的情境下，与教练员、队友、竞技运动项目组织相促进，同取得优异运动成绩和提升比赛能力有内在联系的、难以用语言明确表述的、不容易被复制和获取的内隐性知识"，具有难言性、私密性、亲验性、整体性、程序性等特点。同时，运用双向行为事件访谈法确立了我国雪上项目运动员隐性知识的内容要素。通过对我国雪上项目优秀运动员及其教练员的行为事件访谈，确定了雪上项目运动员21项隐性知识内容要素；运用探索性因素分析、验证性因素分析、结构方程等方法构建了元认知、个人特质、人际技能、专业技能四维度的结构模型，并就雪上项目运动员自身和基于其教练员角度在隐性知识内容结构各维度与其隐性知识整体的路径系数存在的差异进行了论述。就如何对雪上项目运动员隐性知识进行测评的相关问题进行了系统研究。设计了涵盖四个维度、20 个要素的三层测评指标体系，对测评方法选择的依据进行了阐述，详细介绍竞技体育人才隐性知识测评的实施步骤，并以 2006 年冬奥会自由式滑雪空中技巧冠军国家队运动员韩晓鹏为例进行了具体的应用。

2. 系统梳理了我国雪上项目发展脉络，并基于隐性知识管理的视角分析了我国雪上项目优秀运动员培养过程中存在的问题。

研究发现，我国雪上项目的整体成绩较冰上项目差距较大，在运动成绩和运动员数量上发展均不平衡，我国从事雪上项目的高水平运动员短缺，质量不高。隐性知识管理视角下我国雪上项目优秀运动员培养过程中存在的问题主要有：我国雪上项目运动队及优秀运动员缺乏对隐性知识重要性的认识，运动队内部隐性知识流失严重；我国雪上项目运动队缺乏有效管理隐性知识的方法和手段，隐性知识获取途径不畅通、有效转移存在障碍、共享缺乏必要的组织文化和平台、挖掘与利用缺少科技人才和工具支撑。

3. 对我国雪上项目运动员隐性知识与比赛能力关系进行了研究，验证了隐性知识对于提升雪上项目运动员培养质量的重要作用。

运用团体焦点访谈法和 AHP 标准化权向量法构建了包括认知能力、基础能力、临场发挥能力三个维度的我国雪上项目运动员比赛能力模型，重点研究了雪上项目运动员隐性知识与其比赛能力的关系，得出了雪上项目运动员隐性知识的四个维度与其比赛能力正相关的结论，从理论上进一步论证了我国雪上项目运动员隐性知识对于其取得优异成绩的重要作用。

4. 尝试建立了隐性知识管理视域下我国雪上项目优秀运动员培养理论体系及机制模型，系统讨论了培养理论体系的内容，分析了基于隐性知识管理视角的培养机制的运行策略。

综观本书的特点可以概括地归纳为以下三个方面。

1. 在对我国雪上项目优秀运动员隐性知识的概念、特征、演化机制等基本理论问题深入研究的基础上，运用实证建模方法，构建了雪上项目优秀运动员隐性知识层次结构模型和比赛能力模型。

本书以知识管理理论为支撑，在借鉴国内外研究成果的基础上，密切结合雪上项目运动实践的特点，首次对雪上项目优秀运动员隐性知识的有关基本理论问题进行了研究，对我国雪上项目优秀运动员隐性知识的概念、特征和演化机制进行了界定和分析，确立了雪上项目优秀运动员隐性知识的 21 项内容要素。采用经典的实证建模方法，构建两个模型：一是涵盖个人特质、人际技能、元认知、专业技能四维度的竞技体育人才隐性知识层次结构模型；二是涵盖基础能力、临场发挥能力、认识能力三维度的竞技体育人才比赛能力模型。揭示了雪上项目优秀运动员隐性知识与其比赛能力二者呈正相关的本质联系，不仅拓展了知识管理理论与技术的应用领域，丰富和发展了竞技体育人才培养理论体系，而且弥补了竞技体育领域隐性知识研究的缺陷，为雪上运动项目组织和雪上项目优秀运动员明确自身隐性知识的重要作用，采取有的放矢的隐性知识管理策略，提供了有力的理论支撑和重要的参考依据。

2. 建立了雪上项目优秀运动员隐性知识测评指标体系，通过具体案例展示了隐性知识测评的实施路径。

本书吸收相关学科的研究成果和方法，结合以训练、比赛为核心的竞技体育运动实践活动的特点，建立了四个维度、20 项测评指标、三个递阶层次的雪上项目优秀运动员隐性知识测评指标体系。运用层次分析法确定了各维度、要素对于总目标的贡献率，在此基础上，运用模糊综合测评法对雪上项目优秀运动员的隐性知识进行了定量分析，为分析不同雪上项目优秀运动员隐性知识水平的差异提供了方法保证，也为在竞技体育运动实践中如何科学选材、如何遴选优秀选手参加世界大赛提供了有效的方法和手段。

3. 构建了符合我国国情的隐性知识管理视域下我国雪上项目优秀运

动员培养理论体系和机制，提出了运动项目组织的干预对策。

本书在对雪上项目优秀运动员隐性知识管理必要性论述的基础上，借鉴有关研究成果，构建了雪上项目优秀运动员隐性知识管理模式及机制模型，并就"练中学"与"赛中学"、师徒制、隐喻、认知地图和基于案例的推理等模式在竞技体育运动实践中获取、转移、共享、挖掘及利用隐性知识的过程与机理进行了深入分析，提出了运动项目组织的干预对策，对运动项目组织和雪上项目优秀运动员个体有效地管理隐性知识具有积极的借鉴意义。

目　　录

第一章

绪　论

第一节　研究背景

一　知识经济时代的到来

进入 21 世纪以来，知识作为组织获得可持续竞争优势的关键因素，前所未有地被组织所重视。美国管理大师彼得·德鲁克（Peter F. Drucker）指出："在新的经济体系内，知识并不是和人才、资本、土地并列为制造资源之一，而是唯一有意义的资源，其独到之处正在于知识是资源本身，而非仅是资源的一种。"① 1996 年，经济与合作发展组织（OECD）在题为《以知识为基础的经济》的报告中提出以知识为基础的经济这个术语，并指出"知识作为蕴含在人（又称人力资本）和技术中的重要成分，成为经济发展的核心"②。彼得·德鲁克强调："在知识社会中，最基本的经济资源是知识，财富创造活动将既不是资本也不是劳动力的生产用途配置，而是生产率和创新；知识要素不同于传统的资本、劳动力等生产要素，其带来的变化将引起社会经济和政治的重大变革，这就预示着按着传统生产要素组织起来的生产方式、生活方式、交往方式和思维模式将会发生巨大的变化。"③ 因此，竞技体育作为一种社会文化形态，必然要受到社会大背景的深刻影响，研究知识经济社会背景下竞技体育领域

---

① 李作学：《个体隐性知识的结构分析与管理研究》，大连理工大学博士论文，2006 年。
② 同上。
③ 同上。

中有关优秀人才培养的理论及实践问题就显得尤为必要。

二　信息技术在运动项目组织中的广泛运用

近几年，随着基于网络的信息技术的快速发展，使运动项目组织广泛地运用信息技术成为可能，那些看得见、易于言传的具有显在形式的运动实践及理论知识能够得到方便快捷的传播。然而，信息技术的"双刃剑"效应也逐渐显现，一方面，信息社会的到来，让运动项目组织成员有条件和可能接收来自全社会的各类大量信息；另一方面，接收的信息庞杂而紊乱，有用与无用信息充斥着人们的工作和生活，运动项目组织也不例外，陷入无端的信息海洋之中，加之运动项目组织的特殊性决定了其知识管理能力较弱，面对庞杂的信息手足无措，不知道该如何来选择有效准确的信息，有的运动项目组织甚至采取断网等极端措施抵制信息的泛滥，陷入信息获取容易、消化困难的两难境遇中。虽然如此，知识管理因信息技术的快速发展而成为可能，这种发展必将为知识管理提供强大的支撑，运动项目组织的知识挖掘与整理、传承与创新、获取与共享等知识形成及转移链上的任何环节，都将通过信息技术平台最大限度地收集有利于运动项目发展的显性及隐性知识，如先进的技术动作要领、运动技术装备、训练方法等，关键在于对信息的有效管理，而最难的莫过于对于那些不能直接编码的隐性知识的管理。由此可见，正是因为信息社会的来临及相关技术的广泛应用，使得对于组织及个体隐性知识的管理变得尤为重要。

三　知识管理逐渐受到运动项目组织的重视

知识作为一种资源、一种生产要素和一种资本，它带给人类的不仅是科技革命和知识革命，在企业生产方式和管理方式等方面也必将引发一场深刻的变革，对于它的管理需要专门加以研究。自 20 世纪末以来，我国许多学者开始投身于知识管理领域的研究，围绕企业如何在知识经济时代背景下有效发挥知识的创造作用，进行了积极的理论研究和实践探索，成果颇为丰厚。李作学博士指出："2000 年'企业知识管理问题研究'被国家自然科学基金委员会管理科学部作为鼓励研究领域，标志着国内学术界关于知识管理的研究正在掀起一个高潮。"[①] 21 世纪，人类已经进入了全球化时代，很多事情的依赖程度越来越强，互动关系越来越强。复杂性科学管理思想被提到日程上来。[②] 复杂性科学管理中具有竞争优势的知识要回到隐性知识形态上来，知识管理中的隐性知识管理日益凸显出来。

进入 21 世纪以来，知识管理逐渐被应用到竞技体育运动实践中，与企业界相比，尽管起步较晚且很零散，但知识管理的重要性却逐渐被体育运动项目组织所认同。2006—2011 年，全国哲学社会科学规划办公室、国家体育总局、辽宁省教育厅就竞技体育人才知识管理等问题相继立项，并以此为核心形成了一系列研究成果。之后，许多学者开始关注此领域的研究。2007 年中国自由式滑雪空中技巧队开始尝试将此成果应用到具体的竞技体育运动实践中，为我国在该项目上在意大利都灵冬奥会取得历史性突破提供了有效支撑。在之后温哥华和索契冬奥会备战周期的训练管理中，该队教练组在课题组的配合下，充分重视运动员培养过程中团队的知识管理问题，并将知识管理的相关研究成果结合团队实际进行了实践尝试，在运动员选拔及培养等方面形成了一些具有一定推广价值的理论及方法。应该说，经过 8 年的理论研究和实践探索，基于知识管理的优秀运动员培养的相关理论和技术，逐渐得到运动项目组织的认同，并逐渐应用于运动员培养和优秀运动管理的竞技体育实践之中。

第二节　研究意义

竞技体育作为我国体育事业的重要组成部分，是体育强国建设中不可或缺的重要助推器。新中国成立以来，我国竞技体育总体实力提升迅速，自悉尼奥运会以来奥运赛场捷报频传，尤其是北京奥运会达到成绩巅峰，夏季项目的竞技综合实力上已毋庸置疑地跻身于世界竞技体育强国的第一

---

① 李作学：《个体隐性知识的结构分析与管理研究》，大连理工大学博士论文，2006 年。
② 同上。

梯队。在温哥华冬奥会上，中国代表团历史性地闯入世界前八强。然而，欣喜之余，也必须清醒地认识到，我们距离实现冰雪强国的目标还有一定的差距，特别是雪上项目还相距甚远。冬奥会项目结构的基本特征是"雪重冰轻"，索契冬奥会69枚金牌中，雪上项目40枚，正所谓"得雪者得天下"，建设冰雪体育强国，雪上项目是关键。我国从1980年首度出征冬奥会至今，共取得12金、22银、19铜，雪上项目仅贡献1枚金牌、4枚银牌和3枚铜牌，冰上和雪上项目各自取得的成绩及参赛人数失衡严重，中国代表团近四届冬奥会的310名运动员中，冰上项目199人，雪上项目仅为111人，我国雪上项目发展水平不高和运动员短缺的严峻形势凸显，雪上项目的弱势已成为制约我国竞技体育全面协调发展的重要瓶颈。要真正发挥竞技体育在体育强国建设中的领引作用与辐射功能，就必须解决好全面提升雪上项目竞技实力这个首要问题，而如何培养出世界一流水平的雪上项目运动员则成为解决此问题的重中之重[①]。

面对我国雪上项目发展的严峻现实，选择以隐性知识管理的相关理论为支撑来创新雪上项目优秀运动员的培养理论与机制[②]，其意义在于以下几个方面。

一 能够有效提升中国雪上项目优秀运动员的培养质量

衡量运动员培养质量最直接的标准就是比赛成绩，而比赛成绩的好与坏归根结底是由其比赛能力的高低决定。从知识的角度考量，在运动员培养过程中，影响其比赛能力的知识包含两个方面的内容，一是诸如动作要领、比赛规则等显性知识，李作学认为："这类知识是有形的，很容易识别，通过信息和通信技术，可以在组织内外进行有效传播和共享，学习和掌握也较容易"[③]；二是难以用语言明确表述的、不容易被复制和获取的隐性知识，包括沟通诀窍、领悟力、比赛经验等多个内容，曹连

---

① 曹连众：《隐性知识管理类视域下我国雪上项目优秀运动员培养策略研究》，第九届全国体育科学大学论文摘要汇编（4），2011年。

② 同上。

③ 李作学：《个体隐性知识的结构分析与管理研究》，大连理工大学博士论文，2006年。

众认为："正是这些看不见、摸不着的知识才是运动员提升比赛能力以获得优异成绩的关键性因素。"① 他还指出："以隐性知识管理的相关理论和技术为支撑，研究雪上运动项目组织内部隐性知识的内容、结构、演化机制及传播、共享的机理，不仅可以为教练员、运动员更为科学地训练和比赛提供必要、急需的理论和技术支持，以不断丰富运动员隐性知识，使雪上项目优秀运动员培养的质量和速率大大提高，也将有效地促进我国世界一流水平雪上项目运动员培养的成功经验得到及时、广泛地推广，使若干雪上项目获得可持续的集团竞争优势，全面提升我国雪上项目的核心竞争力。"② 这恰是我国雪上项目要实现新突破而亟待解决的问题，也正是本书的实践意义之所在。

二　能够在一定程度上丰富和发展中国优秀运动员培养的理论体系

尽管目前对于知识管理的研究与实践多存在于管理学范畴，但由于知识的运动存在于人类社会的各种组织，它的理论与实践在体育领域同样具有指导意义。因此，基于知识管理的视角来系统研究与我国雪上项目优秀运动员培养有关的隐性知识管理的基本理论问题，进而建立符合我国国情的雪上项目优秀运动员培养理论体系和培养机制，不仅可以拓展隐性知识管理理论的应用领域，更重要的是，隐性知识管理理论为优秀运动员的培养提供了一个新的视角。将隐性知识管理的理论与技术应用到运动员的培养上，不仅可以在实践层面上为运动员的训练及比赛等运动实践活动提供有效的方法和手段，而且经过探索与实践所形成的成果必将理论化、系统化，在一定程度上促进优秀运动员培养理论体系的不断丰富和发展，这也正是本书的理论意义之所在。

由此可见，本书以知识管理的视角来研究运动员培养的理论与实践问题，是知识管理理论与运动员培养理论交叉融合研究的一种实践探索，

---

① 曹连众：《隐性知识管理类视域下我国雪上项目优秀运动员培养策略研究》，第九届全国体育科学大学论文摘要汇编（4），2011年。

② 同上。

不仅可以在一定程度上促进相关理论的丰富和发展，更重要的是把运动员培养问题放在运动项目组织整体知识能力的框架下，以运动员隐性知识的基本理论问题研究为原点，在对隐性知识对于提升运动员培养质量重要性论述的基础上，提出了基于隐性知识管理视角的我国优秀雪上项目优秀运动员的培养理论和机制，并以中国自由式滑雪空中技巧队为实证研究对象，对相关培养理论和机制进行了验证研究，最终形成了具有一定推广意义的优秀运动员培养理论方案，对于提升我国雪上项目优秀运动员培养的质量和数量，提高运动项目组织的核心竞争力，促进我国冬季项目"冰雪"协调发展，具有较强的理论和实践价值。

第三节 本课题国内外研究现状及述评

一 隐性知识的含义、特性及其分类研究现状

文献研究显示，在有关人力管理和知识管理研究成果中，由于隐性知识自身看不见、摸不着、不易识别等特性，使得不同学者对于隐性知识的概念界定观点不一。要系统研究竞技体育人才的隐性知识，就必须首先对学界有关隐性知识的概念进行解析，以对本课题雪上项目运动员隐性知识的概念进行准确界定。

在哲学领域，波兰尼最早提出了"隐性知识"概念。李作学结合波兰尼的理论指出："人有两种类型的知识，通常称作知识的是以书面文字、图表和数学公式加以表达的知识，只是其中的一种类型；没有被表达的知识是另一种知识，比如我们在做某件事情的行动中所掌握的知识，前者称为显性知识，而后者称为隐性知识，波兰尼提出的隐性知识理论，已得到国际社会科学界广泛的认同，对 17 世纪科学革命以来所形成的'完全明确的知识理想'提出了挑战。"①

在管理学领域，美国管理学大师彼得·德鲁克和日本学者野中郁次郎最具代表性。彼得·德鲁克认为："隐性知识，如某种技能，是不可用

---

① 李作学：《个体隐性知识的结构分析与管理研究》，大连理工大学博士论文，2006 年。

语言来解释的，它只能被演示证明它是存在的，学习这种技能的唯一方式是领悟和练习。"① 野中本人把隐性知识定义为："高度个人化的、很难公式化的、也难于交流，根植于行动和个人对具体背景的理解当中，表现为手艺或专业，一种特殊技术或团体的活动，包括存在于'专有技术'中的不正式的、无法详细表达的技能。"②

在体育学领域，对于隐性知识的研究并不多见，主要集中在运动技能学习过程中对于隐性知识或是内隐知识的研究上，其中比较有代表性的有两篇文献，一是范文杰在《运动技能获得中的内隐认知研究进展》中指出了在竞技体育运动实践中内隐知识是真实存在的，特别是在运动技能获得中内隐认知发挥着重要作用，并就在运动技能学习中内隐认知与外显认知如何相互转化提出了应对策略；③ 二是吴耘在《缄默知识和体育教学中的缄默知识现象》中对体育教学中的缄默知识的分类、特征进行了界定。④

综上所述，可以梳理出以下几点共识：一是该类知识是在特定环境中形成的难以用语言表达的知识；二是此类知识的获取需要通过个体亲身体验、感悟和实践来习得；三是依附于组织和个体存在。

李作学提出："要对隐性知识进行有效的管理，必须对其进行分类，标准不同，结果也不相同，一般把隐性知识分为两个维度，即技能维度和认知维度。"⑤ 海尔蒂（Haldin Herrgard）这样描述隐性知识："在工作生活中，我们发现许多隐性知识的表现，如直觉、手势规则、内心情感和个人技能，这些可分为要么是技巧的，要么是认知的两个维度。技巧维度包括信息和专业技术，与知道怎么做有关；而认知维度包括心智模式、信念和价值观。"⑥ 野中郁次郎等也认为："隐性知识被分为两个维

①　李作学：《个体隐性知识的结构分析与管理研究》，大连理工大学博士论文，2006年。
②　同上。
③　范文杰：《运动技能获得中的内隐认知研究进展》，《广州体育学院学报》2003年第23卷第6期，第55—58页。
④　吴耘等：《缄默知识和体育教学中的缄默知识现象》，《四川体育科学》2006年第3卷第9期，第126—129页。
⑤　李作学：《个体隐性知识的结构分析与管理研究》，大连理工大学博士论文，2006年。
⑥　同上。

度，一个是技能维度，它包括那种知道怎么去做的非正式的、很难去约束的技能和工艺。"① 罗伊（Roy Lubip）把隐性知识分为四类：难以表达的技能、心智模式、处理问题的方式、组织惯例，其中前 3 种形式存在于组织员工个人的身体或头脑中。②

二　隐性知识管理研究综述

知识管理理论与技术的相关研究起步较晚，如何对其进行有效管理，目前学界还没有形成一个普遍公认的研究框架。李作学在文献研究中发现："魏格（Wiig K. M.）、豪尔斯珀（Holsapple C.）、布克利（Buckley P. J.）等提出了知识管理的研究框架，研究内容包括知识的获取、知识的转化、知识编码、知识存储、知识共享、知识传播和知识应用；列保威茨（Liebowitz J.）等提出了知识管理的概念和框架，注重知识管理中的文化作用，他强调利用信息技术工具来进行知识管理活动；黑吉斯特（Heijst G.）等提出注重通过个人交流学习促进知识的开发。"③ 这些学者大多都注重从信息技术角度去来研究知识管理，其实他们研究对象大多是显性知识。李作学提出："知识管理不但是对显性知识的管理，而且包括对隐性知识的管理。"卡尔·费拉保罗（Carr F. B.）认为："知识管理就是为企业实现显性知识和隐性知识的共享提供新的途径。"④ 琳达·斯通（Linda Stone）认为："知识管理的第一步是将个体的隐性知识和经验转换成显性知识以便于他人获取并以此来增加组织的结构资本。"⑤ 因此，对隐性知识进行有效管理成为知识管理的重点。

（1）隐性知识转化的四种模式

心理学研究表明，隐性知识的获取是在非意识的过程中，或通过内

---

① 李作学：《个体隐性知识的结构分析与管理研究》，大连理工大学博士论文，2006 年。
② 同上。
③ 同上。
④ 同上。
⑤ 同上。

隐学习的方式获得的。如里伯认为："通过内隐学习过程获取的知识是在某种自然的状态下，总是在其被明晰化的拥有者的能力之前的知识。"[①] 李作学总结了野中郁次郎等提出了知识转化的四种模式："即隐性知识到隐性知识的群化、隐性知识到显性知识的外化、显性知识到显性知识的融合化、显性知识到隐性知识的内化。"[②] 知识转化的四种模式成为知识管理研究的基础。

（2）隐性知识管理的技术工具

米垂（Mitri S.）指出："知识管理系统典型运用相似的技术，包括：远程交流工具，例如互联网、FTP、电子邮件等；数据存储技术，如相关的和数据导向的数据库和文件管理系统；还有支持决策技术例如专家系统和决策支持系统。""其中的一些技术如电子邮件、视频商谈、合作工作系统被用来捕捉和分享隐性知识；一些技术如知识获取、决策支持、专家系统用来把隐性知识转化为显性知识；他认为在知识管理背景下，需要隐性绩效评估，通过运用知识管理技术的决策支持系统来管理隐性评估知识。"[③] 约翰内森（Johannessen J. A.）认为："隐性知识在组织创造竞争优势上起着关键的作用，过分强调信息技术，注重显在知识，可能会弱化隐性知识，会导致公司失去竞争优势；企业保持竞争优势，必须注重公司整体知识基础，注重创新过程和持续发展过程，注重在师徒团队中的组织学习系统。"[④] 斯滕马克（Sternmark R.）认为："一个新颖的应用信息技术来开发、利用隐性知识的想法，而无须将其显性化。"[⑤]

罗德汉（Rodhain S. J.）认为："认知地图（cognitive mapping）是用来把隐性向显性知识转移的有效工具。"[⑥] 她根据心智模式来定义隐性知

① Liebowitz J., Knowledge Management and Its Link to Artificial Intelligence, *Expert Systems with Applications*, 2001（20）：1–6.

② 李作学：《个体隐性知识的结构分析与管理研究》，大连理工大学博士论文，2006年。

③ 同上。

④ 同上。

⑤ 同上。

⑥ 于米：《工人默会知识测量及其价值的实证研究》，吉林大学硕士论文，2009年。

识,并描述了如何来制定认知地图。安布罗西尼(Ambrosini V.)也提出了用认知地图来揭示隐性知识,具体采用 self-Q 的技术和半结构访谈的方式来提取专家的认知地图,这其中隐喻和观察具有很大作用。① 廖春洁对知识地图进行了量化研究,表明知识地图有利于传递隐性知识,而且与传统的教学方法相比,知识地图有较好的工作培训效果。② 诺奥马(Noh J. B.)等利用认知地图和基于案例的推理(case-based resoning)的新方法来转化和利用隐性知识。他们把这种方法运用到非常需要隐性知识的精确决策和判断的信用分析问题上,进而验证该方法的有效性,这对隐性知识管理是一种较好的选择。

(3)隐性知识管理的社会化

罗伊认为:"隐性知识作为组织获取可持续竞争优势的关键因素,其获取和转移主要采用以下几个方式:同专家和教练一起工作;利用网络,组成工作群体;记录隐性知识,便于知识的重新利用。"③

科斯基勒恩(Koskinen J.)等认为:"隐性知识的获取和转化可以通过下面两种途径:行动学习(action learning)和技术创新中人们之间的非正式的交流。"④ 面对面的交流和电话交谈是隐性知识转移较为有效的途径,人际互动是隐性知识转移的有效方法。⑤ 斯特利(Swap W.)认为:"释放隐性知识创造潜力,需要管理者讲出员工对创新过程深刻的感情责任,同时还需要下面的两种方式:一是通过强调团队设计人员与自然模型的相互作用,二是鼓励团队成员有利于知识共享和创造的亲密社会化,同时隐喻、类比和模型能引导人的思考,传播隐性知识;斯威比在回顾一百多篇管理及认知心理学的报告后认为:"通常非正式的学习、讲故事以及师徒制是隐性知识内化和社会化的最有效的方式。"⑥ 詹姆斯

---

① Ambrosini V., Tacit, Knowledge: Some Suggestions for Operationlization, *Journal of Management Studies*, 2001 年第 38 卷 6 期, 第 811—829 页。

② 李作学:《个体隐性知识的结构分析与管理研究》,大连理工大学博士论文,2006 年。

③ 同上。

④ 同上。

⑤ 同上。

⑥ 同上。

（James J.）谈到了交谈的丰富模式，如讲故事、隐喻或类比。

三　运动员隐性知识相关研究综述

关于运动员隐性知识的理论在国内外并不多见。许多学者更多的是从心理学、哲学的视角对影响运动员运动成绩技术因素之外的诸多方面进行论述。曹连众等通过文献研究发现："范文杰 2006 年 10 月在《论竞技体育项目中的隐性知识及其显性化》一文中，对竞技项目中的隐性知识的概念、内涵、外延、特性、层次进行了阐述，并认为竞技体育项目中的隐性知识可分为技能类和认识类两种，将层次分为项目组织个体（运动员、教练员）和项目组织群体（双人组合项目、教练组）、项目组织单位（运动队）三个层面。[①] 曹连众在国家体育总局体育社会科学研究项目《基于知识管理理论的运动员管理与评价研究》结题报告中首次系统地对运动员隐性知识的基本理论问题进行研究，并就运动员隐性知识的概念、内涵、要素、测评及如何有效管理等问题提出了自己的观点，这是国内较为系统研究运动员隐性知识的文献；[②] 赵婷首次将知识管理的理论运用到具体的竞技体育运动实践中，她以实证研究的方法，对我国雪上项目不同成绩运动员的隐性知识水平进行了比较分析，并提出了干预对策；[③] 曹连众等在《自由式滑雪空中技巧国家队一线与二线运动员隐性知识水平比较研究》中从隐性知识的角度提出了对于竞技体育后备人才的培养策略；[④] 王会寨等的《奥运会知识管理研究》[⑤]、孙洪波的《看

[①] 曹连众等：《竞技体育人才隐性知识的内部结构及层次分析》，《沈阳体育学院学报》2010 年第 29 卷第 4 期，第 100—103 页。

[②] 同上。

[③] 赵婷：《自由式滑雪空中技巧国家队不同成绩运动员隐性知识水平比较研究》，沈阳体育学院硕士学位论文，2009 年。

[④] 曹连众等：《自由式滑雪空中技巧国家队一线与二线运动员隐性知识水平比较研究》，《沈阳体育学报》2009 年第 28 卷第 3 期，第 19—23 页。

[⑤] 王会寨等：《奥运会知识管理研究》，《北京体育大学学报》2004 年第 27 卷第 9 期，第 1182—1186 页。

奥运，聊知识管理》①、王昌宇的《从知识管理角度看多哈亚运会》②、吴耘等的《缄默知识和体育教学中的缄默知识现象》③、曹连众的《知识管理视野下的体育教学创新策略研究》④、钟兴龙的《谈教练员的隐性知识》⑤、胡小浪的《知识管理是体育教学研究的新视角》⑥ 都从不同侧面对体育领域的知识管理现象进行了论述，表明我国学者开始对体育领域中的知识管理现象开始关注。西南师范大学董德龙的硕士论文《高水平运动员竞技表现及人格塑造》提出了运动员人格的竞技表现是影响运动员成绩的关键因素；⑦ 北京体育大学黄金的硕士论文《现阶段优秀运动员文化教育发展对策研究》⑧、辽宁师范大学王小媛的硕士论文《上海市竞技运动员文化教育模式研究》⑨ 都提出了运动员的文化素质直接影响到了运动员的可持续发展；王岗的《欲望，竞技体育的"无间道"》指出，人的无限欲望是竞技体育问题产生的策源地。⑩

　　许多学者从哲学的视角对运动员行为表现负面的成因进行了分析：刘一民的《运动员异化行为简论》⑪、周爱光的《现代竞技运动中异化现

① 孙洪波：《看奥运，聊知识管理》，http：//www.mie168.com/.2004.8.24。

② 王昌宇：《从知识管理角度看多哈亚运会》，http：//www.amteam.org.com/.2007.1.8。

③ 吴耘等：《缄默知识和体育教学中的缄默知识现象》，《四川体育科学》2006年第3卷第9期，第126—129页。

④ 曹连众：《知识管理视野下的体育教学创新策略研究》，《教育与管理》2006年第28卷第6期，第19—23页。

⑤ 钟兴龙：《谈教练员的隐性知识》，《中国体育教练员》2004年第6期，第62页。

⑥ 胡小浪：《知识管理是体育教学研究的新视角》，《南昌高专学报》2006年第5卷第10期，第79页。

⑦ 董德龙：《高水平运动员竞技表现及人格塑造》，西南师范大学硕士学位论文，2005年。

⑧ 黄金：《现阶段优秀运动员文化教育发展对策研究》，北京体育大学硕士学位论文，2002年。

⑨ 王小媛：《上海市竞技运动员文化教育模式研究》，辽宁师范大学硕士学位论文，2006年。

⑩ 王岗：《欲望，竞技体育的"无间道"》，《体育文化导刊》2005年第8卷第5期，第14—16页。

⑪ 刘一民：《运动员异化行为简论》，《北京体育大学学报》2006年第29卷第10期，第1307—1309页。

象的类型分析》①、赖勇泉的《竞技运动异化问题研究》②、刘纯献的《竞技运动典型异化的成因分析及对策研究》③、宋继新的《竞技教育学》④，都从不同侧面对竞技的本质、竞技的物化与升华相关理论、竞技体育评价的依据、方法和原则进行了论述。

许多学者从心理学的视角也进行了论述：马莉在《运动技术理念的隐喻与诠释》⑤ 中对竞技体育运动实践中隐喻的概念、途径、价值、表现形式、过程进行了系统分析；范文杰的《论运动员灵感及其捕捉》⑥ 提出了运动员灵感的概念、特征、诱发与捕捉；范文杰的《运动技能获得中的内隐认知研究进展》⑦ 指出了运动技能获得中内隐认知的发现与证明，以及在运动技能学习中内隐认知与外显认知的相互转化；黄颖峰的《内隐学习与运动技能的获得之研究》⑧、范文杰的《运动技能获得中的内隐学习与外显学习及其实质》⑨ 指出了在运动中技能学习中的两种模式及发生的机制、内涵与本质及相互转化的途径与方法；丁俊武的《内隐学习理论的研究进展及其对体育教学的启示》⑩ 对内隐学习的发展历程及与体育教学的关系进行了阐述。

---

① 周爱光：《现代竞技运动中异化现象的类型分析》，《体育学刊》2000 年第 5 期，第 19—23 页。

② 赖勇泉：《竞技运动异化问题研究》，《广州体育学院学报》2001 年第 21 卷第 1 期，第 24—28 页。

③ 刘纯献：《竞技运动典型异化的成因分析及对策研究》，《河南师范大学学报》2004 年第 32 卷第 4 期，第 100—103 页。

④ 宋继新：《竞技教育学》，人民体育出版社 2003 年版。

⑤ 马莉：《运动技术理念的隐喻与诠释》，北京体育大学出版社 2010 年版。

⑥ 范文杰：《论运动员灵感及其捕捉》，《中国体育科技》2005 年第 41 卷第 5 期，第 6—9 页。

⑦ 范文杰：《运动技能获得中的内隐认知研究进展》，《广州体育学院学报》2003 年第 23 卷第 6 期，第 55—58 页。

⑧ 黄颖峰：《内隐学习与运动技能的获得之研究》，《南京体育学院学报》2003 年第 17 卷第 1 期，第 22—28 页。

⑨ 范文杰：《运动技能获得中的内隐学习与外显学习及其实质》，《天津体育学院学报》2004 年第 19 卷第 1 期，第 61—64 页。

⑩ 丁俊武：《内隐学习理论的研究进展及其对体育教学的启示》，《北京体育大学学报》2002 年第 25 卷第 6 期，第 816—825 页。

四　优秀运动员培养相关研究综述

关于我国雪上项目运动员培养的相关研究成果较多。赵西英、程传银在《基于战略管理视角的高水平运动员培养机制研究》①一文中构建出基于绩效考核与可持续发展的创新运动员培养框架，以促进我国高水平运动员事业的健康发展；李日成的《我国竞技体育后备人才多元化培养模式的理论探索》②在归纳总结出了我国竞技体育后备人才培养的"五大"模式的基础上指出"多元化"模式培养优秀运动员的新方向；戴智俊在《中国优秀运动员多元化培养模式研究》③一文中肯定了举国体制在我国培养优秀运动员中的贡献，指出应当引入市场机制，促进优秀运动员培养社会化。

马兆明在《我国优秀运动员培养模式演变与选择研究》④一文中提出了我国竞技体育优秀运动员的培养应当实行以精化举国体制为主，优化院校化模式为基础的双模式制，其中体教结合模式受到学者们的认可；秦立忠、邵凯在《体育强国背景下我国体育后备人才培养问题初探》⑤一文中从教育体系角度阐述了"体教结合"在培养优秀体育人才过程中的重要性；刘晓颖的《山东省短道速度滑冰后备人才培养研究》⑥和钟秉枢的《我国高水平运动员培养之路的探索》⑦不约而同地指出"体教结合"后备人才培养模式是培养优秀运动员的有效实现路径；王东在《中国特

① 赵西英、程传银：《基于战略管理视角的高水平运动员培养机制研究》，《西安体育学院学报》2012 年第 29 卷第 2 期，第 153—158 页。

② 李日成：《我国竞技体育后备人才多元化培养模式的理论探索》，山东大学硕士论文，2011 年。

③ 戴智俊：《中国优秀运动员多元化培养模式研究》，吉林大学硕士论文，2009 年。

④ 马兆明：《我国优秀运动员培养模式演变与选择研究》，《四川体育科学》2012 年第 2 期，第 9—13 页。

⑤ 秦立忠、邵凯：《体育强国背景下我国体育后备人才培养问题初探》，《南京体育学院学报》2012 年第 26 卷第 3 期，第 53—57 页。

⑥ 刘晓颖：《山东省短道速度滑冰后备人才培养研究》，《冰雪运动》2014 年第 36 卷第 2 期，第 10—14 页。

⑦ 钟秉枢：《我国高水平运动员培养之路的探索》，《武汉体育学院学报》2009 年第 43 卷第 12 期，第 5—10 页。

色高校高水平运动员培养思路研究》① 一文中提出通过延长学制、严格学籍管理等手段,开辟出学校这条培养优秀运动员的新道路。

黄明伟、元龙范的《我国速滑后备人才培养现状及对策分析》② 和姜龙江、张卫新的《我国冰雪运动后备人才培养模式的研究》③ 以及任玉梅、刘涛的《冰雪体育后备人才制约因素及发展对策》④ 均指出了我国竞技体育后备人才培养中存在的培养模式、管理制度中存在的问题,导致我国冰雪项目后备力量薄弱,制约了冰雪项目优秀运动员的培养;刘洋在《我国单板滑雪U型场地技巧后备人才培养的现状分析与对策研究》⑤ 中指出,应当通过增加资金投入、完善竞赛体制、选拔优秀教练员等手段大力培养我国单板滑雪优秀运动员。

武俸羽在《我国单板U型场地滑雪运动员选材指标调查与研究》⑥ 一文中,提出了单板U型滑雪运动选材的形态类、机能类、素质类、心理类、专项技术类等五大类指标;刘江、单清国的《我国自由式滑雪空中技巧项目运动员的科学选材》⑦ 和陈志强的《我国自由式滑雪空中技巧运动员科学选材方法的研究》⑧ 根据自由式滑雪空中技巧项目的特点、优秀空中技巧运动员竞技能力的特征,将年龄因素、身体形态、运动素质和心理素质等方面作为科学选材依据。

———————

① 王东:《中国特色高校高水平运动员培养思路研究》,《湖北体育科技》2011年第30卷第3期,第297—299页。

② 黄明伟、元龙范:《我国速滑后备人才培养现状及对策分析》,《华章》2011年第31卷第5期,第75—77页。

③ 姜龙江、张卫新:《我国冰雪运动后备人才培养模式的研究》,《冰雪运动》2013年第35卷第1期,第79—83页。

④ 任玉梅、刘涛:《冰雪体育后备人才制约因素及发展对策》,《冰雪运动》2013年第35卷第6期,第36—40页。

⑤ 刘洋:《我国单板滑雪U型场地技巧后备人才培养的现状分析与对策研究》,哈尔滨体育学院硕士论文,2011年。

⑥ 武俸羽:《我国单板U型场地滑雪运动员选材指标调查与研究》,《民营科技》2012年第12期,第210页。

⑦ 刘江、单清国:《我国自由式滑雪空中技巧项目运动员的科学选材》,《冰雪运动》2010年第32卷第2期,第39—42页。

⑧ 陈志强:《我国自由式滑雪空中技巧运动员科学选材方法的研究》,东北师范大学硕士论文,2006年。

王丹丹、李万哲的《我国优秀单板滑雪 U 型场地技巧运动员心理能力的培养策略》[1] 指出，心理能力水平在单板滑雪 U 型场地技巧项目优秀运动员培养过程中的重要性，认为应当通过专业训练来提升运动员心理能力；杨阿丽的《雪上技巧项目运动员心理训练监控体系的建立——以自由式滑雪空中技巧和单板 U 型场地为例》[2] 一文中在分析竞技心理能力和心理状态与运动员技战术的提高和比赛发挥的关系的基础上，建立了雪上技巧项目运动员心理训练水平诊断监控系统。

史娇娇、马铁等在《我国自由式滑雪空中技巧国家队女子运动员2012 年夏训期生理生化指标监控的研究》[3] 一文中通过对自由式滑雪空中技巧国家队女子 7 名运动员晨脉、血压、血红蛋白等变化的研究发现个别运动员对负荷的适应情况和恢复情况波动较大，还有待随时进行调整，以适应更大负荷的训练，同时要进行定期系统测试和主要指标监测；张宇、衣雪洁的《自由式滑雪空中技巧国家队运动员不同训练时期部分生理生化指标监测》[4]，通过陆训期和雪上训练期的比较，总结各项指标的变化，为调整训练安排提供依据。

上述文献研究显示，关于运动员培养的研究成果较为丰富，研究视角多元。大都集中在后备人才培养、创新培养模式以及培养过程中的心理调控和生物学监控等方面。

五　运动员比赛能力的研究综述

梳理运动员比赛能力的相关文献，可以看出，研究成果主要集中在两个方面：一是关于运动员比赛能力的定义、内涵等基本理论问题的探

---

① 王丹丹、李万哲：《我国优秀单板滑雪 U 型场地技巧运动员心理能力的培养策略》，《冰雪运动》2013 年第 35 卷第 3 期，第 69—73 页。

② 杨阿丽：《雪上技巧项目运动员心理训练监控体系的建立——以自由式滑雪空中技巧和单板 U 型场地为例》，《沈阳体育学院学报》2011 年第 30 卷第 1 期，第 52—54 页。

③ 史娇娇、马铁：《我国自由式滑雪空中技巧国家队女子运动员 2012 年夏训期生理生化指标监控的研究》，《沈阳体育学院学报》2013 年第 32 卷第 5 期，第 135—136 页。

④ 张宇、衣雪洁：《自由式滑雪空中技巧国家队运动员不同训练时期部分生理生化指标监测》，《中国运动医学杂志》2013 年第 32 卷第 4 期，第 350—352 页。

讨；二是关于提升比赛能力策略等实践层面的探索。在对运动员比赛能力的定义、内涵等基本理论研究上也有两种观点：一是将竞技能力与比赛能力明确地区分开来，刘建和、高怀胜在《简论运动员的比赛能力》①一文中认为，运动员的比赛能力是一种综合能力，至少由三个方面的能力组合而成，即认识性能力、基础性能力、适应与调整性能力，对抗类项群运动员还具有创造性能力，其中认识性能力主要体现在运动员深入把握比赛规律的能力，基础性能力主要体现在运动员已经具备的竞技能力，适应与调整性能力主要体现在运动员稳定发挥的保障性能力，创造性能力主要体现在运动员即兴发挥的能力；二是依据运动员竞技能力内涵的表述，对比赛能力内涵的演绎，莫永成认为运动员的比赛能力主要包括五个方面，即体能、运动员技能、比赛战术、比赛心理、智能。② 在提升比赛能力策略研究方面，王福庆等在《自由式滑雪空中技巧比赛作风和竞技能力的分析与思考》③ 中提出了要坚持"从难、从严、从实战出发"的训练原则，通过强化运动员敢于拼搏的比赛作风和最佳竞技能力的培养来不断提高运动员的比赛能力；李凤兰在《如何提高游泳运动员的比赛能力》④ 中从教练员及运动员两个角度对提高比赛能力的策略进行了研究，提出了心理能力训练方法、专项竞赛能力训练方法及教练员的自我训练法等对策；金宗强从生理学的角度对如何提高运动员的专项体能并进行科学诊断提出了对策；⑤ 汪玲玲认为竞技能力就是运动员的比赛能力，站在运动训练学的角度，从竞技健美操的形态、体能、技能、战术能力、运动智能及心理能力等方面论证了该项目的比赛

① 刘建和、高怀胜：《简论运动员的比赛能力》，《成都体育学院学报》2007 年第 33 卷第 3 期，第 56—59 页。

② 莫永成：《跳高运动员比赛能力结构的初步研究》，《南京体育学院学院》2007 年第 21 卷第 2 期，第 120—123 页。

③ 王福庆等：《自由式滑雪空中技巧比赛作风和竞技能力的分析与思考》，《冰雪运动》2007 年第 29 卷第 6 期，第 15—18 页。

④ 李凤兰：《如何提高游泳运动员的比赛能力》，《少年体育训练》2010 年第 2 期，第 85—86 页。

⑤ 金宗强：《我国优秀排球运动员专项体能评价体系与诊断方法的研究》，北京体育大学博士论文，2004 年。

能力特征，并提出了对策。① 由此可见，在比赛能力提升策略的研究上主要是围绕比赛能力的内涵就某一项目而展开的，大部分集中在心理学、生理学、运动训练学领域，以知识管理理论的视角进行比赛能力研究的文献目前还未发现。

通过上述文献研究，我们发现，对于个体隐性知识的相关理论，国内外学者研究文献较多，初步形成了较为系统的理论和实践体系，但将知识管理理论应用于体育领域特别是竞技体育领域的研究还较少，大部分都是从心理学、哲学的视角论述非技术因素对运动员培养质量的影响。而有关运动员培养的文献大都集中在基于运动训练学和生物学视角的运动员科学选材、训练及管理等方面，与此相关的运动员培养理论及实践成果较为丰富、系统。雪上项目优秀运动员培养相关研究成果也主要集中在以上几个方面。在最近几年，学术界开始关注将知识管理理论应用于体育领域的研究，有了一定的进展，相关文献见诸于各类研究杂志。以上研究成果为本书的顺利进行提供了理论基础，同时，现有文献研究的局限性和不足也为本书提供了明确方向。

第四节　本书的主要研究方法、特色及不足

一　本书的主要研究方法

（1）理论分析与实证分析相结合

本书以理论分析为基础，然后通过调查研究和案例实证研究来对相应的理论命题进行佐证，并在实践的基础上总结出具有普遍适用意义的成功经验。

（2）定性分析与定量分析相结合

本书注重定性与定量相结合，运用数据统计 SPSS13.0 和 LISREL8.70统计软件包处理数据，主要运用描述性统计、信效度分析、探索性因素

---

① 汪玲玲：《竞技健美操的专项竞技能力特征》，《体育科技文献通报》2009 年第 17 卷第 12 期，第 50—52 页。

分析、验证性因素分析、结构方程模型分析等数据处理方法。运用层次分析法对运动员测评指标体系各维度及要素的权重进行了界定，运用模糊数学的模糊综合评判方法，来测评不同运动成绩的运动员隐性知识差异等。

（3）访谈法

①双向行为事件访谈法

行为事件访谈法（The Behavior of Event Interview，BEI）或深度访谈法是一种开放式的行为回顾式调查技术[①]，是挖掘个体隐性知识的一种重要方法。本书以 BEI 方法为基础，从访谈对象的双向性角度，提出了一种双向行为事件访谈的方法来确定运动员隐性知识的内容要素，访谈小组成员要求受访者描述从事某竞技项目的训练及参赛经历中亲身经历的三件成功和三件失败的关键比赛事件，包括训练及比赛的背景、参赛其他选手、比赛情境与环境、完成技术动作的体会、比赛过程中的言语行为及处理方式、自身情绪、比赛结果及影响等，尽可能确切回忆当时的感悟、对话、行动和感受。此种方法不仅访谈运动员自身，而且还要对其教练员进行访谈，从而在最大程度上保证访谈结果的客观性和真实性。[②]

②团体焦点访谈法

团体焦点访谈法其优点在于通过群体的深度访谈，获得更多的多角度的人际互动信息，由于运动员比赛能力涉及教练员、运动员等多个群体，为保证研究的科学性，本书采用这一方法来确定运动员比赛能力的测评指标。

（4）问卷调查法

本书在科学编制问卷的基础上，对问卷的信效度进行了检验，同时在样本的选取上提出标准，并尽可能地扩大范围，在方法、填写上保证

---

① 邹本旭、刘军：《休闲体育俱乐部指导员胜任特征构建要素研究》，《武汉体育学院学报》2010 年第 28 卷第 3 期，第 85—89 页。

② 同上。

客观的环境，以尽量规避该方法的局限性，以使研究更具代表性。

二　本书的特色

本书的特色可以概括地归纳为以下两个方面：

（1）首次系统地论述了与我国雪上项目优秀运动员培养相关的隐性知识管理的基本理论问题，并建构了符合我国国情的隐性知识管理视域下我国雪上项目优秀运动员培养理论体系和机制，不仅为如何培养优秀运动员提供了新的视角，在一定程度上丰富和发展了我国优秀运动员培养理论体系，而且也拓展了隐性知识管理理论与技术的应用领域，弥补了竞技体育实践中知识管理研究的不足。因此，本书在理论层面具有一定的开创性。

（2）以雪上项目国家集训队为实证研究对象，创造性地把基础理论研究成果应用到具体的竞技体育实践中，并在实践的基础上进行调整和修正，形成具有较强推广值和实践意义的成功经验，直接服务于一线国家集训队，必将为全面提升我国雪上项目综合竞技实力提供重要的实践积累，体现出本书在实践层面应用针对性强的特点，这是本书在实践层面的又一特色。

三　本书的不足

（1）优秀运动员培养本身是一个系统工程，影响因素诸多，本书选择以隐性知识管理相关理论为支撑来系统研究我国雪上项目优秀运动员培养理论及机制，视角虽有创新，但诸如教练员执教能力、训练条件与保障等许多影响人才培养质量的因素并未统筹考虑，使得本书但还存在一定局限性，这也为本书后续研究提供了努力方向。

（2）本书以我国雪上项目竞技实力最强的自由式滑雪空中技巧国家队为实证研究对象，虽然代表性很强，但由于我国雪上各项目发展十分不平衡，形成的雪上项目优秀运动员培养相关理论和机制，相对于自由式滑雪空中技巧和单板 U 型槽发展相对成熟的项目来说，对提高运动员培养质量和提升项目综合竞技实力具有较强的实践意义和推广价值，而其他的许多项目还处于起步阶段，教练员及运动员的数量较少，形成的成功理论和经验虽仍可借鉴，但其现实意义较成熟项目还有差距，还需要与其他影响运动员培养质量的因素共同考虑，这是本书局限性的又一体现。

第 二 章

隐性知识管理视域下中国雪上项目优秀
运动员培养存在的问题分析

第一节　中国雪上项目发展概况

冬季奥林匹克运动会，简称冬奥会，与夏季奥运会相对应，是冬季运动项目的最高规格赛事，第 1 届冬奥会于 1924 年 1 月在法国举行，至 2014 年索契冬奥会已举办 22 届。冬奥会成绩被认为是一个国家冬季运动项目综合实力的集中体现。

2014 年的索契冬奥会共设 15 大项、98 个小项的比赛项目，15 个大项是冰球（Ice hockey）、冰壶（Curling）、速度滑冰（Speed skating）、短道速滑（Short track speed skating）、花样滑冰（Figure skating）、有舵雪橇（Bobsleigh）、无舵雪橇（Luge）、俯式冰橇（Skeleton）、冬季两项（Biathlon）、北欧两项（Nordic combined）、高山滑雪（Alpine skiing）、越野滑雪（Cross-country skiing）、自由式滑雪（Freestyle skiing）、跳台滑雪（Ski jumping）和单板滑雪（Snowboarding）。在小项中，女子跳台滑雪、冬季两项混合接力、花样滑冰团体赛、雪橇接力以及男、女 U 型槽双板滑雪 6 个项目为索契冬奥会的新增正式比赛项目。1980 年我国第一次征战冬奥会，至 2014 年，共参加 10 届冬奥会，雪上项目参赛情况见表 2—1。

表 2—1　　　　　中国参加历届奥运会雪上项目分布情况一览表

冬奥会时间及届次	参赛项目		
1980 年普莱西德湖冬奥会（第 13 届）	越野滑雪	高山滑雪	冬季两项
1984 年萨拉热窝冬奥会（第 14 届）	越野滑雪	高山滑雪	冬季两项
1988 年卡尔加里冬奥会（第 15 届）	越野滑雪		
1992 年阿尔贝维尔冬奥会（第 16 届）	越野滑雪	高山滑雪	冬季两项
1996 年利勒哈默尔冬奥会（第 17 届）	越野滑雪	高山滑雪	冬季两项
1998 年长野冬奥会（第 18 届）	越野滑雪	自由式滑雪	冬季两项
2002 年盐湖城冬奥会（第 19 届）	越野滑雪	自由式滑雪	冬季两项
2006 年都灵冬奥会（第 20 届）	越野滑雪	自由式滑雪	冬季两项
	单板滑雪	跳台滑雪	高山滑雪
2010 年温哥华冬奥会（第 21 届）	越野滑雪	自由式滑雪	冬季两项
	单板滑雪	高山滑雪	
2014 年索契冬奥会（第 22 届）	越野滑雪	自由式滑雪	冬季两项
	单板滑雪	高山滑雪	

　　我国参加的 10 届冬奥会，共涉及 6 个雪上项目，即越野滑雪、自由式滑雪、冬季两项、单板滑雪、跳台滑雪、高山滑雪。在第 13 届、第 14 届冬奥会上我国参加了高山滑雪、越野滑雪和冬季两项 3 个项目的比赛，第 15 届仅参加了越野滑雪的比赛，在随后的第 16 届、第 17 届冬奥会上仍然保持参加高山滑雪、越野滑雪和冬季两项 3 个项目，在第 1998 年的第 18 届冬奥会上首次参加自由式滑雪的比赛，在 2006 年都灵冬奥会上跳台滑雪第一次组队参赛，2010 年温哥华冬奥会上单板滑雪正式组队参赛。虽然冬奥会参赛的雪上项目在数量和种类上总体上均呈上升趋势，但变化并不大。

　　我国参加历届冬奥会的各雪上项目在我国的开展情况描述性地概述如下：

　　高山滑雪项目在中国开展得较早，它既是当今冬奥会的主要项目，也是当代群众比较喜爱的大众滑雪项目。其项目特点是：场地、设施要求高，随需器材、服装要求严格，要有好的雪质、雪量，普及难度较大。

目前，国内专业运动员主要集中在解放军队、哈尔滨队等。

越野滑雪在中国开设得也较早，从事该项目所需条件相应比高山滑雪低，易于普及和开展，国内专业运动员数量较多，设有多支队伍，主要分布在吉林队、黑龙江队、解放军队。

跳台滑雪在我国开展较晚，1986年才开始列入全国比赛项目，该项目对自然条件和训练设施要求较高，我国由于缺少从事该项目所必备的基本保障，目前，国内只有吉林、黑龙江省少量的运动员参与此项目的训练和少量比赛，项目发展举步维艰。

自由式滑雪男、女各有三个项目，目前，我国均有运动员进行空中技巧和雪上技巧两个项目的训练。自从1989年沈阳体育学院率先开展以来，综合竞技实力提升迅速，目前男女队均已形成集团优势，是中国冬季项目的优势项目，特别是在空中技巧项目上，1998年日本长野冬奥会，自由式滑雪空中技巧项目首次组队参赛，小将徐囡囡一举夺得银牌，实现了我国雪上项目冬奥会奖牌零的突破；2006年都灵冬奥会，韩晓鹏、李妮娜获得自由式滑雪空中技巧项目1金1银，实现了我国冬奥会雪上项目金牌的历史性突破。该项目是我国最具竞争力的雪上项目。

冬季两项是将射击和越野滑雪相结合的滑雪项目，男子项目1980年列为全国竞赛项目，女子项目1988年才开展，但进步快，在亚洲、世界大赛的第一集团军内都有中国运动员的身影，从事该项目的运动员主要集中在解放军，是解放军滑雪队的"专利"项目。

单板滑雪分为雪上技巧和空中技巧，空中技巧包括单板U型场地技巧和单板空中技巧，在我国开展的是单板U型场地技巧项目。该项目在我国开展较晚，于2003年开始组建国家集训队，男、女队成绩上升都很快，2010年首次参加冬奥会即获得第四名，是我国雪上的潜优势项目。

另外，我国于2008—2013年相继开展了单板平行回转、单板平行大回转、双板U型场地等项目，并陆续组建了国家集训队，运动员主要集中在黑龙江、吉林、新疆和解放军。其中单板平行大回转项目虽未参加冬奥会，但成绩进步较快，最后成绩是奥运资格赛第34名。北欧两项也在2009年组建国家集训队参加了世界大学生运动会，但至今还未获得参加冬奥会的资格。

回顾我国雪上项目发展的历程，可以概括为起步晚、基础弱、困难多、条件差、有突破，综合竞技实力距世界先进水平差距较大，各大项目间受基础条件、气象条件、项目特点、训练团队等因素影响，发展亦不平衡。在索契冬奥会的 98 个小项中雪上项目 69 项，冰上项目 29 项，体现出冬奥会"雪重冰轻"的项目结构特点，虽然雪上项目在 2006 年都灵冬奥会上实现了夺取金牌的历史性突破，但并不表明我国雪上项目整体实力得到了较大提升，距离建设冰雪强国的目标还有很大差距，大力提升雪上项目的综合竞技实力，任重道远。

第二节　隐性知识管理视域下中国雪上项目优秀运动员培养存在的问题分析

一　基于冬奥会视角的中国雪上项目优秀运动员培养概况

1980 年我国第一次参加冬奥会，雪上项目未能获得奖牌，成绩差距较大，自此开始了冬奥会夺金的漫漫征程。为了清晰梳理我国雪上项目优秀运动员的培养规律，同时考虑到时效性问题，本书对近四届奥运会我国雪上项目参赛运动员人数进行了统计，见表 2—2。

表 2—2　　　　近四届奥运会中国雪上项目参赛运动员人数　　　　单位：人

年份 项目	2002	2006	2010	2014
高山滑雪	—	2	2	2
越野滑雪	3	19	4	4
自由式滑雪	7	8	10	9
单板滑雪	—	2	5	6
跳台滑雪	—	4	—	—
冬季两项	6	2	6	5
总计	16	37	27	26

从表2—2中可以看出，我国近四届冬奥会参赛的雪上项目运动员分别为16人、37人、27人、26人，对比参赛的总人数，分别占15.1%、34.9%、25.5%、24.5%。其中高山滑雪参加了3届冬奥会，参赛运动员人数为6人，越野滑雪参加了4届，参赛运动员人数为30人，自由式滑雪参加4届，参赛运动员人数为34人（其中空中技巧31人，雪上技巧3人），单板滑雪参加3届，参赛运动员人数为13人，跳台滑雪只参加了2006年的都灵冬奥会，参赛运动员人数为4人，冬季两项参加4届，参赛运动员人数为19人。

综观自1980年以来参加历届冬奥会的成绩，只有自由式滑雪空中技巧项目获得1金、4银、3铜。另外，单板滑雪U型场地技巧获得1个第四名，冬季两项最后成绩是冬奥会第5名；而高山滑雪最好成绩为冬奥会第18名，是在1980年首次参加冬奥会获得的；越野滑雪最后成绩是2006年都灵冬奥会女子接力第13名；跳台滑雪于2006年获得参加冬奥会资格，在2009年曾获世界大学生运动会团体铜牌。

梳理这些数据，可以得出以下几个结论：

第一，我国雪上项目的整体成绩较冰上项目差距较大。自1980年参加第一次冬奥会的9届冬奥会中，我国共取得12金、22银、19铜，其中雪上项目贡献1金、4银、3铜，二者差距显而易见。

第二，我国雪上项目发展不平衡。一是成绩不平衡，自由式滑雪空中技巧一枝独秀，囊括了自参加冬奥会以来雪上项目获得的所有奖牌，其他项目最好成绩是冬奥会第4名；二是优秀运动员数量不平衡，自由式滑雪、越野滑雪与冬季两项均参加了四届冬奥会，参赛运动员人数分别为34人、30人和19人，其中自由式滑雪成绩突出，冬季两项次之，高山滑雪与单板滑雪U型场地技巧参加三届冬奥会，参赛运动员人数分别为6人和13人，跳台滑雪只参加一届冬奥会，参赛运动员人数为4人，这些数据从侧面体现了我国参加冬奥会各雪上项目运动员数量的参差不齐。

第三，我国从事雪上项目的高水平运动员短缺，质量不高。仅就我国已经组建国家集训队参加冬奥会的雪上项目运动员数量看，参赛人数最多的是 2006 年都灵冬奥会，达到 42 人，占运动员总数的 55.3%，最少的是 2002 年盐湖城冬奥会，仅为 16 人，占运动员总数的 20.7%；近 4届冬奥会我国共有 310 人次运动员参加，获奖牌 53 枚，其中雪上项目111 人次，获得奖牌 8 枚，相比冰上项目，雪上项目优秀运动员短缺和质量不高已是不争的事实，而冬奥会项目"雪重冰轻"的特点，决定了雪上项目优秀运动员的数量和质量将是在冬奥会上称雄的关键。

基于上文的总体分析，我们从中可以发现这样几个显而易见的现象：

一是关于高山滑雪、越野滑雪等在我国开展较早的项目，它们不仅有着良好的群众基础，且均较早组建国家集训队参加冬奥会，其中高山滑雪 1980 年第一次参加冬奥会就取得第 18 名，越野滑雪在 2006 年都灵冬奥会取得女子接力赛第 13 名，以上两个项目均参加 7 届以上冬奥会，34 年历经 10 届冬奥会，为什么没有实现突破？

二是关于自由式滑雪空中技巧等在我国起步较晚的项目，1994 年我国正式组队参加冬奥会的自由式滑雪空中技巧项目，1998 年实现奖牌零的突破，2006 年实现金牌零突破，且该项目包揽了我国冬奥会雪上项目获得的所有奖牌，男、女队均形成集团优势，短短二十年，为什么能有如此突破？

三是在项目特点、训练比赛规律相近的前提下，优势项目的崛起与发展为什么没有带动其他同类项目实现突破，进而促进我国雪上项目整体实力的提升？

应该说，我国雪上项目优秀运动员的培养是一个系统工程，影响因素诸多。既有国家战略层面，也有运动队的训练管理等具体层面；既有训练保障条件、项目自身特点、运动员身体形态等客观因素，也有教练员训练理念、方法、手段和运动员训练参赛动机与态度等主观因素，侧重点不同，解析上述现象的观点也会千差万别，但无论何种角度，都将为我国培养雪上项目优秀运动员提供必要的理论与实践支持。下文中，本书将立足于隐性知识管理的视角，结合上述几种现象，对我国在培养雪上项目优秀运动员方面存在的问题进行讨论和分析。

二　隐性知识管理视域下中国雪上项目优秀运动员培养存在的问题分析

曹连众等学者认为："雪上项目运动员的隐性知识是在训练和比赛的情境下，与教练员、队友、运动队相促进，同取得优异运动成绩和提升自身综合竞技能力有内在联系的，难以用语言明确表述的、不容易被复制和获取的内隐性知识，这些知识包括了运动员的参赛动机、面对复杂比赛的应变力、沟通诀窍、意志力、学习完成运动技术动作的方法及策略、比赛经验等多个内容，是影响提升运动员比赛能力的关键因素，对于提供运动员的培养质量具有重要作用。"[①] 在运动员知识创造与转化过程中，隐性知识的运行过程可以概括为四个阶段："即获取隐性知识、转移隐性知识、共享隐性知识和隐性知识的挖掘与利用。"[②]

本书将以隐性知识运行的四个阶段为主线，具体讨论有关我国雪上项目优秀运动员培养中存在的问题，并对上文中的三种现象作出解析。

（1）我国雪上项目运动队及优秀运动员缺乏对隐性知识重要性的认识，运动队内部隐性知识流失严重。

每个优秀运动员要取得优异的运动成绩，都必须付出艰辛的努力，经过无数次的刻苦训练和比赛的洗礼才能最终获得成功。从最基本的技术动作学习开始，到在世界大赛中夺金获银，优秀运动员不仅传承了教练员和运行项目组织中的许多隐性知识，而且还通过亲身参与竞技体育运动实践感悟、积累了很多隐性知识，特别是优秀运动员，他们的运动经历决定了对于从训练到参赛整个竞技体育运动实践过程感悟更深，他们身上所具有的隐性知识就更加丰富，从而成为运动项目组织形成特色优势的基础。由于知识管理理论在竞技体育实践中应用起步较晚，我国雪上项目的绝大多数运动队还没有接触到这个概念，加之运动员隐性知

---

　　① 曹连众、王前、李作学：《竞技体育人才隐性知识概念及内部层次分析》，《沈阳体育学院学报》2010 年第 29 卷第 4 期，第 100—103 页。

　　② 同上。

识的无形性及管理复杂性等特点，许多管理者、教练员和运动员根本不清楚何谓隐性知识，更谈不上管理。

我国于1957年开展高山滑雪项目，1980年首次组队参加冬奥会就取得了第18名的成绩，在该项目上已进入世界先进国家行列，当时能有这样的表现，必须有先进的训练理念和高水平的比赛能力作保障。为什么几十年过去了，我们反而退步？这其中一个重要的原因就是训练及参赛的许多隐性知识不能完整地保留。当时的成功，要由很多宝贵的知识作保证的，有显性的知识，也有隐性的知识，显性的显而易见，不需要我们如何挖掘就可以获取和共享，我们忽略的恰恰是那些看不见、摸不着的隐性知识，诸如学习完成技术动作的诀窍、比赛经验、参赛技巧、训练诀窍、赛前调整策略等，有的依附于运动员个体，有的依附于运动队。在我国本身从事雪上项目的教练员、运动员就较少，无论是现役的，还是已经退役的优秀运动员、教练员，他们身上所具有的丰富隐性知识是我国雪上项目实现进一步发展的宝贵财富。如果三十多年前，我们就能意识到这些隐性知识的重要性，积极去收集、保存当时成功的隐性知识，并加以科学的分析总结，找出其中的规律，从而形成有效的知识共享和转移，相信雪上项目的奥运金牌会来得更早。

（2）我国雪上项目运动队缺乏有效管理隐性知识的方法和手段，隐性知识的获取、转移、共享、挖掘与利用举步维艰。

第一，隐性知识获取途径不畅通。

学习是获取隐性知识的主渠道，竞技体育的亲验性决定了运动员要获取隐性知识，必须通过千百次的刻苦训练和比赛的磨炼来领悟和体会。雪上项目的特点决定了我国大部分雪上项目的训练工作受季节影响较大，在冬季的部分时间段，如果国内场地条件有保障，许多雪上项目的训练可以在国内进行，但受训时间有限。在夏季，除自由式滑雪等少数项目外，大部分雪上项目并没有夏训基地，都要在国外进行训练。对于优势项目，国家投入大，训练体系较完备，参与国际赛事的机会也较多；系统的训练和丰富的赛事，使得教练员及运动员隐性知识获取途径畅通，其隐性知识水平提升也较快；对于非优势项目，受场地、气候及国家投入所限，训练系统性不强，国际赛事参加得也较少，使得本就稀缺的隐性知识获取更难。沈阳体育学院在 20 世纪 90 年代初创建自由式滑雪空中技巧队时，训练条件极其艰苦，当时还不是优势项目，为了保证训练的系统性，学校教职工集资建立了夏训跳台，尽管标准化程度不高，但还是为运动员提供了获取隐性知识的畅通渠道，这也是该项目迅速崛起的原因之一。

课题组先后跟随自由式滑雪空中技巧、单板滑雪 U 型场地等 5 个国家集训队进行集中调研，发现大部分运动队对获取隐性知识重视不够，缺乏相应的制度保障，偶有交流，也很零散，效果不佳。自由式滑雪空中技巧队由于在 2008—2010 年采纳了当时国家体育总局科研攻关项目《基于知识管理理论的竞技体育人才管理与评价研究》的部分建议，在运动员训练及比赛充分发挥的前提下，鼓励他们围绕训练和比赛进行有的放矢的讨论和自我剖析，同时进行必要的相应制度设计和安排，如建立定期的研讨会制度、训练及比赛后的心得分享制度、完成运动技能录像的再审视制度等，运动员获得信息丰富，知识重构效果好。应该说，这是该项目保持可持续竞争优势的又一原因。

第二，隐性知识有效转移存在障碍。

教练员是训练管理团队的核心，其言说隐性知识的能力决定了隐性知识的转移效率。我国雪上项目教练员中有两部分群体，一是聘请的外籍教练，二是国内知名教练。外籍教练的专业知识深厚，执教经验丰富，与提升运动员比赛能力相关的隐性知识水平较高，但由于受语言、文化背景及训练理念差异影响，不能直接与中方教练员和运动员进行有效沟通，翻译会降低外籍教练执教时想要转移的隐性知识含量，采用外籍执教的运动队，无从开发外籍教练训练和竞赛中的隐性知识，丰富组织的隐性知识数据库，使得本就稀缺的隐性知识转移更为困难。国内教练克服了语言、文化等差异，但在我国雪上项目运动队中，以成绩最好的自由式滑雪空中技巧队为例，虽然该队教练员对动作技术有自身独到的理解，也重视组织运动员之间相互交流，但由于缺乏隐性知识的相关理论知识和有效的转移方法支撑，使得在对运动员的指导过程中不能将相关的隐性知识清晰、明确地表达，影响了隐性知识的有效转移。同样对运动员来说，只有具备扎实的专业基础和充分理解隐性知识的认知过程，才能更好地理解教练员的意图。现实中，我国很多雪上项目运动员专业知识匮乏，运动员专业教育落后，学历与专业知识储备不成正比，使得在训练及比赛中不能抓住蕴含、传递的隐性知识，领会教练意图能力弱，无法做到及时反馈，在队员之间更无法将隐性知识显性化，我国雪上项目运动队成员间因为没有以兴趣、爱好、知识层次、性格特点为主要内容的传递隐性知识的共同语言，致使隐性知识沟通的基础缺乏，传递隐性知识障碍重重。

教练员是运动队的灵魂人物，言传身教地影响运动队的共同信仰、兴趣和爱好，从而影响自身与队员及队员与队员之间和谐关系的形成。运动队高度认可的共同信仰，和谐统一的团队氛围会大大提升隐性知识的转移效率。调研中发现，我国有的雪上项目运动队中仍然固守陈旧的观念，认为"严师出高徒"，教练员凌驾于运动员之上，训练时只许运动员完成任务，不能有意见，缺乏训练沟通。生活上，教练员与运动员在精神上分离，实行军事化的强硬管理，不允许年轻运动员有其他兴趣爱好，运动员对教练员的高压管理怨声载道，敢怒不敢言，阻断了教练员与运动员正常沟通交流的渠道，更不用说实现隐性知识的有效传递。另外，运动队内部成员间竞争异化，运动员之间本身存在竞争，加之教练员正确引导的缺失，使得这种竞争关系过于紧张，队友之间视为竞争对象，各自保护着自己所领会的动作要领和训练心得，不想主动与队友交流分享，在运动员之间形成厚重的壁垒，阻隔了情感与隐性知识的传递，对于项目整体竞技实力的提升有弊无利。

第三，隐性知识共享缺乏必要的组织文化和平台。

隐性知识不仅需要教练员和运动员主观乐于学习，还需要运动队管理者客观上营造共享氛围和知识交流平台。我国雪上项目发展参差不齐，虽然整体水平不高，但也有取得突破的典型，即自由式滑雪空中技巧队，该队经过近二十年的发展建设，形成了具有自身特色的组织文化，也积累了许多关于训练、参赛及管理的诀窍和成功经验，其中的显性知识可以充分分享，隐性知识由于难以言说，有效共享的确是个难题，然而，正是运动队中具有的丰富隐性知识才是其制胜的法宝。一方面，管理层还未意识到实现同类雪上项目隐性知识的充分共享，是提升我国雪上项目整体实力的捷径，特别是对于发展落后、隐性知识稀缺的雪上项目运动队，更显得尤为重要；另一方面，我国还未建立一套系统的同类雪上项目实现隐性知识共享的交流平台，这也是自由式滑雪等优势项目为什么没有带动其他雪上项目共同提升竞技实力的一种解释。

运动队的组织文化建设是隐性知识良好共享氛围的保障，调研中发现，我国有的雪上项目运动队对自身的组织文化建设并没有引起足够的重视，停留在自发阶段，没能系统地了解和掌握自己运动队多年形成的文化传统，更没有加以营造和建设。组织的核心价值观念没有有效的途径传递给每一名组织成员，没能形成稳定的组织文化。很多运动队缺失共享的价值观念，组织凝聚力低，组织成员团队意识淡薄，没能形成团结、友爱、信任、和谐的知识共享氛围，优秀运动员的成功经验没有分享，没有出现"以优带新"，良好的训练风尚，组织中的"非正式"学习行为没能形成。运动队的管理者没有意识到加强组织成员间交流的重要性，知识共享平台缺失。我国多数雪上项目水平与世界先进水平存在差距，管理者应当搭建起学习先进技术知识的平台，但很多运动队并没有使有优秀运动员汇报会、经验交流会、座谈会成为组织的稳定制度，只是偶尔会举办类似的学习，严重影响了隐性知识的共享。

第四，隐性知识挖掘与利用缺少科技人才和工具支撑。

现代运动队讲求的是团队协作，除教练员和管理者外，科研团队在组织中的地位日益提升，对优秀运动员培养的作用日渐凸显。与国际优秀雪上项目运动队相比，我国雪上项目运动队科研人员配备严重不足。这种情况下，科研人员有限的精力只能更多地投入技术更新、机能监控和体能训练等方面，目前，在我国所有雪上项目运动队中，自由式滑雪空中技巧队的训练管理团队配备最为齐全，该队也十分重视对隐性知识的管理，但苦于没有具有知识管理专业背景的科研人员，对于知识的管理也仅限于形式，由于无暇顾及训练、比赛中大量隐性知识的收集、整理、保存等工作，使得大量珍贵的隐性知识大量流失严重，更谈不上有意识的挖掘。

另外，由于知识管理专业人才的短缺，隐性知识得以充分利用的工具开发明显不足。还没有雪上项目的运动队开发具有符合项目特点和组织文化的基于案例推理技术的知识管理系统，即使是相对简易的项目训练及比赛典型案例库也没有建立。

第 三 章

隐性知识管理视域下中国雪上项目优秀
运动员培养相关基本理论阐析

以隐性知识管理理论为支撑研究中国雪上项目优秀运动员培养问题，必须首先明确与之相关的基本理论问题，一是雪上项目优秀运动员隐性知识的定义、特征及演化机制；二是雪上项目优秀运动员隐性知识的内容要素、结构模型及内部层次；三是如何对雪上项目优秀运动员隐性知识进行测评。这三个方面的问题是隐性知识管理视域下中国雪上项目优秀运动员培养相关理论的基础和核心，是进行其他研究的基础和前提。

第一节　雪上项目运动员隐性知识的概念分析

一　雪上项目运动员隐性知识的定义

综合前文所述，本书认为："由于隐性知识存在于当今社会生活中各个领域的不同组织和个体中，对于隐性知识的研究呈现多元化特征，不同学者从不同学科的角度出发，观点不一；而本书是以知识管理和体育学等相关基本理论为基础，在借鉴哲学、心理学、教育学、管理学和计算机科学等相关学科对隐性知识的研究成果的基础上，考虑到雪上项目运动员隐性知识主体的特点和竞技体育运动实践的特殊性，将雪上项目运动员隐性知识定义为：运动员在训练和比赛的情境下，与教练员、队友、竞技运动项目组织相促进，同取得优异运动成绩和提升自身综合竞技能力有内在联系的，难以用语言明确表述的、不容易被复制和获取的内隐性知识。"①

科学、准确地理解雪上项目运动员隐性知识的内涵必须把握以下几个要点：

第一，把雪上项目运动员隐性知识看作是其参赛结果和训练过程的统一体，体现了雪上项目运动员隐性知识形成的长期积淀过程。

第二，突出了雪上项目运动员隐性知识的典型个体差异性和情境性。曹连众等认为："对于雪上项目运动员个体而言，虽然与其他队友训练条件、环境、教练员及组织文化相同，但隐性知识却会因人而异，雪上项目运动员隐性知识形成后，只有在训练及比赛的特定情景中才能得到充分的应用和发挥，体现其价值。"②

第三，本书认为："雪上项目运动员隐性知识指的是与取得优异运动成绩和提升自身综合竞技能力相关的知识，如果隐性知识同以上两者不相关，则不在研究范围之内。"③

第四，本书认为："由于竞技运动项目组织的特殊性，将雪上项目运动员隐性知识和教练员、队友及雪上项目运动队隐性知识联系起来研究，我国雪上项目总体实力的提升需要运动员的隐性知识做支撑，同时，雪上项目运动员隐性知识的形成与积淀需要教练员、队友及运动队组织内知识的引导和选择，两者互为支撑、互相补充、互相促进，统一于我国雪上项目提升核心竞争力总体目标之中。"④

二 雪上项目运动员隐性知识的特征

（1）难言性

雪上项目运动员的隐性知识同其他一般意义上的个体隐性知识一样，"难以表述"是它最本质的特征。雪上项目运动员隐性知识作为人类非语

---

① 曹连众、王前、李作学：《竞技体育人才隐性知识概念及内部层次分析》，《沈阳体育学院学报》2010 年第 29 卷第 4 期，第 100—103 页。

② 同上。

③ 同上。

④ 同上。

言智力活动的成果，存贮于头脑中，很多时候用正式的语言和逻辑思维来明确表达是非常困难的。雪上项目运动员隐性知识不像动作要领的书面化、学习动作技能步骤、方法等显性知识可以明确地以逻辑性的语言清晰地表述出来，因此，知识的转移过程中，雪上项目运动员隐性知识难以像显性知识那样容易交流，在客观上造成了我国雪上项目运动员之间隐性知识转移的不同障碍，使得隐性知识信息流失现象严重。

（2）亲验性

雪上项目运动员的隐性知识作为一类难以表达的知识，必须通过个人亲自去体验和领悟来获得。雪上项目运动员只有在亲身参与的具体的训练或竞赛活动中，才能领悟出学习完成技术动作的诀窍，才能积累丰富的比赛经验，不断提升自己达到完成技术动作最好效果的能力。即使间接得到的诸如比赛经验、诀窍等隐性知识，也必须通过雪上项目运动员在亲身参与的具体的运动实践中得到转化。

雪上项目运动员隐性知识的亲验性决定了其总是与特定的训练及比赛环境紧密联系，它总是依托这种特定环境而存在，是对特定训练及比赛任务和情景的把握，雪上项目运动员的隐性知识只有在这样特定的情景中才能获得，也只有在这样的特定情景中才能体现其价值性。

（3）私密性

一方面，本书认为："雪上项目运动员隐性知识的获取依靠运动员在训练和比赛的实践中亲身去感觉和体验，个体不同，隐性知识获取的程度也不同。"① "在不同的训练和比赛的实践和体验中，即使是相同的训练、比赛环境，由于雪上项目运动员主体的不同，其所顿悟、体会到的隐性知识也会各不相同。"② 斯滕博格等认为隐性知识的获取一般来说很少得到别人或资源的帮助。换句话说，关于个人应该学到什么不能

---

① 李作学：《个体隐性知识的结构分析与管理研究》，大连理工大学博士论文，2006 年。
② 同上。

被别人直接告知，而是应该从经验中获得教训。[①] 隐性知识大部分体现为个人知识。[②] 另一方面，本书认为："雪上项目运动员隐性知识的个体性还表现在这种知识与其自身无法分离。除非雪上项目运动员把这种知识转化为社会性知识，否则它就会紧随着雪上项目运动员个人的存在而存在。"[③] 然而，雪上项目运动员个人的隐性知识作为比赛制胜的关键，从运动员自身来说，由于竞技体育的竞争性决定了诸如学习完成技能的诀窍等许多隐性知识并不希望被竞争对手共享，体现为较强的私密性，这个特性与其价值性特点相互依存。

（4）整体性

尽管雪上项目运动员隐性知识在某种程度上显得缺乏系统性和规律性，表现为零散和无序，但作为一种知识，还是经过了雪上项目运动员自身头脑思索的这个过程，并自发进行排列，对雪上项目运动员在特定的训练及比赛环境中发挥着重要作用，其本身也体现出一定的整体性和不可分割性。

（5）程序性

雪上项目运动员隐性知识主要是关于"know-how"的知识，在不同的训练和比赛的情景下，正是这种知识有意识或无意识地引导运动员去完成各种不同的任务。在训练和比赛中，雪上项目运动员隐性知识以模糊规则自主地发挥作用，如面对复杂的比赛环境，运动员能够自动地选择和调整技战术，但这种自动的调整和选择是无法进行编码的，只能体现在具体的比赛和完成技术动作过程之中。

三　雪上项目运动员隐性知识的演化机制

我国学者王前认为："依据'象思维'表述，可将直观体验过程大体

---

① 曹连众、王前、李作学：《竞技体育人才隐性知识概念及内部层次分析》，《沈阳体育学院学报》2010 年第 29 卷第 4 期，第 100—103 页。

② 范文杰：《运动技能获得中的内隐学习与外显学习及其实质》，《天津体育学院学报》2004 年第 19 卷第 1 期，第 61—64 页。

③ 曹连众、王前、李作学：《竞技体育人才隐性知识概念及内部层次分析》，《沈阳体育学院学报》2010 年第 29 卷第 4 期，第 100—103 页。

上划分为体验积累、立象尽意、取象比类、得意忘象、由道至理这样几个阶段，每个阶段都蕴涵着不同形态的隐性知识，通过这个认知过程，隐性知识完成了由具体到抽象、由表象到本质、由局部到整体逐渐深化的演化过程（如图3—1）。"① 下面将以此为理论基础对我国雪上项目运动员隐性知识的演化机制进行具体的分析。

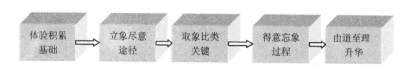

图3—1 我国雪上项目运动员隐性知识演化的过程

（1）体验积累是获取隐性知识的基础

雪上项目运动员的隐性知识是指运动员在参与竞技体育运动实践的过程中对各种训练及比赛等外部环境的感知。哲学家波兰尼提出隐性知识是源于个体对外部世界的判断和感知，是源于经验的，彼得·德鲁克（P. F. Durcker）把隐性知识看作某种技能，是不可用语言来解释的，它只能被演示证明它是存在的，学习这种技能的唯一方法是领悟和练习。② 雪上项目运动员向教练员学习运动技能是知识传承中一种典型的师徒制模式，教练员通过示范、讲解等方法指导雪上项目运动员学习运动技能，对技术动作学习的速度和质量一方面要靠教练员恰当、精辟的指点，另一方面本书认为："更重要的是雪上项目运动员需要在长期的训练及比赛的竞技体育运动实践中经过千百次的模仿和体会，才能逐步领悟，所谓'师傅领进门，修行在个人'就是这个道理。"③ 中国自由式滑雪空中技巧队的主教练纪东曾经谈道："有的运动员对一个技术动作练了千万遍也不得其法，忽然间的某一次训练中，能够顺利地完成这个技术动作，连

---

① 王前、李作学、金福：《基于我国传统思维方式的个体隐性知识评价指标分析》，《科技进步与对策》2005年第31卷第3期，第88—92页。

② 同上。

③ 同上。

自己都觉得很奇怪，其实这正是长期训练积累的结果。"一名优秀的雪上项目运动员在比赛中能将技术动作完美地发挥出来，必须有长时间的刻苦训练来积累大量的习惯性技巧，诸如完成运动技术动作的技能策略，从而真正形成自身个体化的隐性知识。

（2）立象尽意是表达隐性知识的主要途径

雪上项目运动员在长期的竞技体育运动实践中通过体验和感悟累积了大量的隐性知识，及时地将其显性化是提高项目组织核心竞争力的关键之所在。立象尽意中的"象"就是表达隐性知识的途径，即通过不同层次的"象"来表达不可言说意会的东西。如上文所述："'象'有四个层次，即物态之象、属性之象、本原之象和规律之象，体现出的是一种由简单到复杂、不断深化的过程。"① "象"的四个层次同样适用于竞技体育领域，物态之象指的是通过优秀雪上项目运动员个体所展现出来的某个技术动作一个部分，比如，自由式滑雪空中技巧动作的助滑、起跳、腾空、落地等每个动作单元都可以称之为物态之象；属性之象指的是每个动作单元的特征表现，对应自由式滑雪空中技巧动作的助滑、起跳、腾空、落地等动作单元的特征分别为助滑、起跳要有准确的速度知觉，腾空动作既要有难度更要优美，落地要稳；本原之象指的是各动作单元属性的内在联系，"稳"和"准"是自由式滑雪空中技巧优秀运动员顺利完成动作的前提，而"难"与"美"则是克敌制胜的关键；规律之象是雪上项目运动员将各动作单元有机统一出色完成整个动作的规律性的东西，能否具有这样的能力是我国雪上项目运动员取得优异成绩的关键。

（3）取象比类是传播隐性知识的关键②

本书认为："'取象比类'采用以'象'说'象'的方式，即通过某个'象'与其相关的'象'之间的恰当比喻，表达人们对这个'象'的本质特征的体验和理解。"③ 如体操项目中"鱼跃前滚翻"，指的是跳起

---

① 李作学：《个体隐性知识的结构分析与管理研究》，大连理工大学博士论文，2006年。

② 王前、李作学、金福：《基于我国传统思维方式的个体隐性知识评价指标分析》，《科技进步与对策》2005年第31卷第3期，第88—92页。

③ 同上。

像鱼跃出水面一样，经腾空过程再做翻滚，这是典型的隐喻。在雪上项目组织中，由于运动员在知识背景、所处环境和思维特征等方面具有一定的一致性，使得运动队组织成员的隐性知识还可以借助对非言语活动的意蕴和意境的体验，即对言外之意和境外之"象"的体验来传递，① 如一名运动员在做动作时，其他运动员可以通过观察、模仿、体会，与自身对照，发现不足，这是运动队组织成员间隐性知识传播的又一种有效途径。

在运动训练活动中，运用隐喻能力的关键在于个体对隐性知识体会的深刻程度。运动或是比赛经历丰富的雪上项目运动员要比经历浅的所做的隐喻更巧妙、准确、深刻、生动，队友更容易共享其所具有的隐性知识。这是一名运动员言说隐性知识能力的主要体现。

（4）得意忘象体现了运用隐性知识的过程

所谓"得意忘象"，是指雪上项目运动员在充分领悟到某项运动技能形成的规律性后，可以不再依赖显性的书本上完成动作要领的知识和细节，而是将动作要领、细节的文本内容熟记于心，经过千百次的刻苦训练和比赛活动，将动作要领的文本知识与动作实践有机统一、融会贯通，最终达到高水平技术动作完成的"动力定型"之目标，实现运动员与技术动作的完美融合。一名优秀的雪上项目运动员必然要在运动技能完成的熟练程度、策略与方法以及完成技能效果等方面技高一筹，这是优秀的雪上项目运动员隐性知识运用能力的主要体现，也是其思维层次实现飞跃的一个重要过程。

（5）隐性知识的整合和深化体现为由道至理的升华

在运动训练活动中，由道至理是雪上项目运动员将各阶段零散的、杂乱的隐性知识进行综合和升华的过程，通过这个过程，局部的体验被整合成完整的意象和道象，是比赛中的最高境界——"战无定法"的终极体现。两届冬奥会亚军、三届世界杯赛冠军的我国著名自由式滑雪空

---

① 王前、李作学、金福：《基于我国传统思维方式的个体隐性知识评价指标分析》，《科技进步与对策》2005 年第 31 卷第 3 期，第 88—92 页。

中技巧项目优秀运动员李妮娜以发挥稳定为其技术风格，她曾在采访中就该项目技术难点——落地技术如何稳定发挥时说："我在完成一次完整动作时，事先并不知道该以什么样的姿态落地，因为每次完成技术动作面对的情景都是不一样的，在落地的一瞬间我才能做出技术选择，全凭意念做出反应，要顺利实现平稳落地，需要的是技术、心理等多种因素作用的结果，这种能力究竟是什么我说不清，但有一点可以肯定，这种能力靠的是长期运动体验而达到对技术动作与身体的和谐统一和融会贯通，原来设想好的落地预案并不能完全适应复杂多变的比赛环境。"由此可见，在运动竞赛中由道至理更多地表现为雪上项目运动员即兴发挥的能力，这也是一名雪上项目运动员隐性知识水平高低的一个重要标志。

第二节　中国雪上项目运动员隐性知识的内容要素

要确定我国雪上项目运动员隐性知识的内容要素，必须深入竞技体育活动实际中去，了解我国雪上项目运动员隐性知识的实际状况，通过科学的而不是主观臆断的方式概括总结出来。这里首先需要选择科学的研究途径和方法。

一　双向行为事件访谈法的选择

行为事件访谈法（The Behavior of Event Interview，BEI）或深度访谈法是一种开放式的行为回顾式调查技术，[①] 由美国哈佛大学心理学教授麦克利兰（David C. McClelland）开发的胜任特征要素确立方法。

BEI 方法的特点可以归纳为三个方面：一是它体现了过程与结果的统一；二是注重个体隐性知识的挖掘；三是将有效工作行为与无效工作行为区分开来，对个体获得高绩效具有重要指导作用。该方法已经在个体

---

① 邹本旭、刘军：《休闲体育俱乐部指导员胜任特征构建要素研究》，《武汉体育学院学报》2010 年第 28 卷第 3 期，第 85—89 页。

知识、素质、能力挖掘的诸多研究领域中得到了广泛的应用。我国雪上项目运动员的隐性知识作为"冰山下"的潜能部分，看不见、摸不着的特性决定了对其进行挖掘和描述的困难程度，BEI方法的特点恰恰满足了对我国雪上项目运动员隐性知识研究方法上的需要。

行为事件访谈通过对运动成绩优异和一般的我国雪上项目运动员的访谈，可以发现我国雪上项目运动员要取得优异运动成绩所具有的知识、素质和能力，在实施过程中往往仅是对研究对象本身进行访谈。然而由于运动实践及我国雪上项目运动员角色的特殊性，教练员与其运动员要朝夕相处，不仅训练及比赛在一起，而且每天生活在一起，"摸爬滚打"少则几年，多则十几年，彼此心意相通，训练及比赛等运动实践活动是运动员与其教练员共同完成的，因此教练员甚至要比运动员还要了解其自身的优势与不足。以雪上项目运动员本身获得的相关知识信息为基础，对其教练员进行行为事件的访谈，不仅可以为研究者确认隐性知识内容要素提供依据，而且通过这种形式可以发现两者对我国雪上项目运动员运动成绩产生直接影响的知识要素在认知方面的差别，从而为教练员采取有的放矢的训练方法和指导策略提供有效帮助。

本书以BEI方法为基础，从访谈对象的双向性角度，提出了一种双向行为事件访谈的方法来确定我国雪上项目运动员隐性知识的内容要素，此种方法不仅访谈我国雪上项目运动员，而且还要对其教练员进行访谈，从而在最大程度上保证访谈结果的客观性和真实性。因此，选择双向行为事件访谈的方法来确定我国雪上项目运动员隐性知识的内容要素是必要的，也是可行的。

二 双向行为事件访谈过程

双向行为事件访谈首先要确定我国雪上项目运动员运动成绩的优秀标准，其次选择效标样本，通过对我国雪上项目运动员（优秀组、普通组）及相关教练员的访谈，最后确定我国雪上项目运动员的隐性知识内容要素。

（1）被试的选择

在研究中，首先由研究人员、知识管理专家、运动训练专家、我国雪上项目的教练员和运动员共同探讨，确定入选优秀雪上项目运动员组（以下简称优秀组）需要满足的两条标准：一是要参加过全冬会、单项锦标赛、世界杯分站赛以上赛事获得过前八名；二是要有 5 年以上的运动经历。根据这一标准，从吉林省冬季运动管理中心、黑龙江省冰雪训练中心、解放军八一体工大队、新疆体训一大队、沈阳体育学院竞技体育学校选取 30 名雪上项目运动员作为研究对象，涵盖我国已建有国家集训队的所有项目（高山滑雪、越野滑雪、自由式滑雪、单板滑雪、冬季两项、北欧两项、跳台滑雪），其中优秀组 15 人，运动成绩普通组（参加过全冬会，未能达到优秀组标准的运动员，以下简称普通组）15 人。确定优秀雪上项目运动员的人选后，按项目分别选取优秀组的教练员，分别为高山滑雪 2 人、越野滑雪 2 人、自由式滑雪 4 人、单板滑雪 4 人、冬季两项 1 人、北欧两项 1 人、跳台滑雪 1 人，共 15 名教练员。

（2）工具与材料

①《我国雪上项目运动员行为事件访谈提纲》（附录 1）[①]

该提纲按照经典行为事件访谈的形式设计，提纲的主体部分是由被访者对其训练及比赛中三件成功事件和三件不成功事件的描述组成，重点在于访谈者与被访谈者之间的互动沟通。[②]

②《我国雪上项目优秀运动员的教练员访谈提纲》（附录 2）

该提纲同样按照经典行为事件访谈的形式设计，提纲的主体部分是由被访者对其所指导的被列为访谈对象的我国雪上项目优秀运动员的训练及比赛中三件成功事件和三件不成功事件的描述组成。

③《我国雪上项目运动员隐性知识内容要素辞典》初稿

本书在李作学博士关于个体隐性知识内容体系研究成果的基础上，结合我国雪上项目运动员角色特点和比赛能力构成要素，通过访谈有关知识管理专家和运动训练专家，编制了《我国雪上项目运动员隐性知识

---

① 邹本旭：《中国休闲体育俱乐部指导员胜任特征模型研究》，辽宁工程技术大学博士论文，2010 年。

② 同上。

内容要素辞典》的初稿。该初稿突出了运动实践特色和雪上项目特点，具有较强的科学性和实践性。

（3）双向行为事件访谈步骤

①培训

在进行访谈前需要对访谈小组成员进行培训，第一项培训是由运动训练专家对我国雪上项目运动员的基本情况进行介绍；第二项培训是行为事件访谈方法和运动行为指标描写与提炼方法的培训。①

②预研究

预研究练习的目标主要是研究小组成员能够在我国雪上项目运动员和其教练员的访谈文本数据中，准确地识别出我国雪上项目运动员各种隐性知识内容要素的行为指标。根据访谈小组确定的取样策略和标准，选择3名教练员和5名优秀运动员进行访谈。访谈之后整理打印成文本，然后以编制好的《我国雪上项目运动员隐性知识内容要素辞典》为蓝本，对访谈录音文本进行试编码，并对编码辞典进行补充，进一步完善编码辞典，最后形成研究报告中的《我国雪上项目运动员隐性知识内容要素辞典》的修订稿。

③选择正式受访者

从吉林省冬季运动管理中心、黑龙江省冰雪训练中心、解放军八一体工大队、新疆体训一大队、沈阳体育学院竞技体育学校选取30名我国雪上项目运动员作为第一组访谈对象，其中优秀组15人，普通组15人。同时，按项目分别选取优秀组的教练员，分别为高山滑雪2人、越野滑雪2人、自由式滑雪4人、单板滑雪4人、冬季两项1人、北欧两项1人、跳台滑雪1人，共15名教练员作为第二组访谈对象。

④实施行为事件访谈，采集数据

访谈小组就受访者亲身经历的三件成功和三件失败的关键比赛事件，其中包括训练及比赛的背景、参赛的其他选手、比赛情境与环境、完成

---

① 邹本旭：《中国休闲体育俱乐部指导员胜任特征模型研究》，辽宁工程技术大学博士论文，2010年。

技术动作的体会、比赛过程中的言语行为及处理方式、自身情绪、比赛结果及影响等，进行描述，要注重尽可能确切地回忆当时的对话、行动和感受，访谈时间控制在 2 小时左右。①

访谈第一组为我国雪上项目运动员组，30 名运动员分别来自吉林省冬季运动管理中心、黑龙江省冰雪训练中心、解放军八一体工大队、新疆体训一大队、沈阳体育学院竞技体育学校，其中男运动员 18 人，女运动员 12 人，最大年龄 35 岁，最小的 19 岁，平均 27 岁。个体访谈时间最长的有 86 分钟，最短的有 35 分钟，平均 49 分钟。访谈第二组为我国雪上项目优秀运动员的教练员组，15 名教练员也分别来自于以上各单位，其中男教练员 12 人，女教练员 3 人，最大年龄为 54 岁，最小的为 26 岁，平均 40 岁。每人的谈话最长的有 63 分钟，最短的有 32 分钟，平均 46 分钟。访谈过程遵照课题设计进行，采取"双盲"方式，访谈对象和访谈小组成员均不知自己属于优秀组或普通组，经访谈人同意，对两组的所有 45 个访谈对象都进行了录音，第一组得到访谈记录 30 份，其中两份记录由于录音设备问题记录不清，予以剔除，其余均为有效记录；第二组得到访谈记录 15 份，其中三份记录由于录音设备问题记录不清，予以剔除，其余均为有效记录。

⑤转录访谈录音文本

在转录过程中，由访谈人根据所获信息，在充分尊重访谈者现实语义的前提下，删除不适合的语句，②并对录音文本进行编号最终产生提出概念化的我国雪上项目运动员隐性知识内容要素的原始数据。

⑥隐性知识内容要素的编码

根据《我国雪上项目运动员隐性知识内容要素辞典》，由访谈小组筛选出识别我国雪上项目运动员隐性知识内容要素准确率高、编码一致性高的编码者 2 名，他们均接受过严格的 BEI 编码方法训练。③ 首先组织编

---

① 邹本旭：《中国休闲体育俱乐部指导员胜任特征模型研究》，辽宁工程技术大学博士论文，2010 年。
② 同上。
③ 同上。

码者对《我国雪上项目运动员隐性知识内容要素辞典》进行了学习、讨论和进一步完善，使我国雪上项目运动员隐性知识内容要素的文字表述更适合研究实际。其次选择了 2 份访谈文本（优秀组和普通组各一份），根据词典里所列出的我国雪上项目运动员隐性知识内容要素对访谈文本进行试编码。在测评结果一致性较高后，根据编码手册将 28 份雪上项目运动员访谈文本进行独立编码。采用同样的方法对教练员组的 12 份访谈文本进行编码。[①]

⑦处理数据

对访谈文本中被试行为和语言的编码结果进行统计，统计的基本指标为访谈文本的字数、《我国雪上项目运动员隐性知识内容要素辞典》中各个隐性知识内容要素在不同等级上出现的次数，依此统计分析结果确定我国雪上项目运动员隐性知识的内容要素。

三 访谈结果分析

（1）我国雪上项目运动员行为事件访谈结果

①长度（字数）分析

由表 3—1 可以看出，在访谈长度上二者并无显著差别。

表 3—1　　　　　　　　　　有关风险的理论观点

比较项目	运动优秀组		普通组		T 值	df
	均值	标准差	均值	标准差	0.124	26
长度字数	8041	1354	7463	1112		

采用频次计分法对访谈得到的 28 个文本进行统计分析，见表 3—2，结果表明隐性知识内容要素的编码的频次具有良好的稳定性。

---

① 邹本旭：《中国休闲体育俱乐部指导员胜任特征模型研究》，辽宁工程技术大学博士论文，2010 年。

表3—2　　　　　隐性知识内容要素频次、平均分数、最高分数
与访谈长度关系表（雪上项目运动员）

隐性知识内容要素	长度与频次	长度与平均分数	长度与最高分数
情绪自我控制力	0.103	0.345	0.413
学习完成技术动作的领悟力	0.318	0.213	0.527*
完成技术动作的熟练程度	0.028	0.586*	0.158
沟通诀窍	0.137	0.411	0.234
理解他人并接受管理	0.553*	-0.114	0.697**
运动项目组织内的影响力	0.085	0.213	0.440
与教练及队友的合作协调能力	0.260	0.525*	0.219
完成技术动作的自省力	0.037	0.325	0.573*
参赛动机	0.430	0.564*	0.461
训练比赛的自觉积极性	0.006	0.412	0.159
比赛经验与阅历	0.327	0.458	0.468
比赛中即兴发挥的能力	0.618**	0.357	0.572
意志力	0.103	0.082	0.221
面对压力的自我调节力	0.318	0.487	0.322
完成技术动作的方法及策略	0.028	0.210	0.405
面对复杂比赛局面的应变力	0.137	0.416	0.685**

注：＊为在5%水平下显著；＊＊为在1%水平下显著。

②信度分析

第一，关于编码归类一致性。

按照 Winter 给出的公式：

$$CA = \frac{2 * T_1 \cap T_2}{T_1 \cup T_2} \qquad （公式3—1）$$

根据编码结果得出归类一致性为63.9%，显示编码结果可信，具有
较好的一致性。

第二，关于皮尔逊相关分析。

计算两个编码者对每个编码的频次分数的斯皮尔曼相关系数、平均
等级分数、最高等级分数的皮尔逊相关系数，用相关系数值进一步考察

两个评分者间的一致性。①

表3—3　　两名编码者在频次、平均分数、最高等级分数编码的
相关性（雪上项目运动员）

隐性知识内容要素	频次	平均分数	最高分数
情绪自我控制力	0.5642*	0.5526*	0.6207**
学习完成技术动作的领悟力	0.5053*	0.6301**	0.5071*
完成技术动作的熟练程度	0.4381	0.6958**	0.6215**
沟通诀窍	0.5188*	0.3932	0.6086**
理解他人并接受管理	0.6153**	0.5606*	0.5336*
运动项目组织内的影响力	0.5211*	0.5832*	0.6994**
与教练及队友的合作协调能力	0.4055	0.6524**	0.5668*
技战术运用能力	0.6831**	0.5548*	0.6653**
专业知识的深度与广度	0.6237**	0.5855*	0.5259*
完成技术动作的表现力	0.5847*	0.6075**	0.5677*
言说专业隐性知识的能力	0.6235**	0.4225	0.5528*
解决冲突能力	0.6122**	0.6184**	0.5816*
完成技术动作的自省力	0.5428*	0.5176*	0.6285**
训练比赛的自觉积极性	0.5524*	0.5825*	0.5467*
比赛经验与阅历	0.6333**	0.6075**	0.6063**
比赛中即兴发挥的能力	0.5185*	0.6649**	0.6729**
参赛动机	0.6537**	0.6158**	0.5681*
意志力	0.5730*	0.5092*	0.5245*
面对压力的自我调节力	0.5955*	0.6261**	0.4258
完成技术动作的方法及策略	0.6932**	0.5230*	0.5501*
面对复杂比赛局面的应变力	0.5446*	0.6061**	0.6535**

注：*为在5%水平下显著；**为在1%水平下显著。

表3—3结果显示，两个编码者在21个雪上项目运动员隐性知识内容

① 邹本旭：《中国休闲体育俱乐部指导员胜任特征模型研究》，辽宁工程技术大学博士论文，2010年。

要素的编码频次、平均等级分数、最高等级分数三个指标之间绝大多数表现出显著的相关，只有少量隐性知识内容要素之间的相关性不显著。说明两个编码者的编码一致性较高，我国雪上项目运动员隐性知识内容要素编码具有较高的信度。[①]

③效度分析

课题组围绕我国雪上项目运动员样本中的优秀组与普通组的隐性知识内容要素的差异性进行了分析，结果见表3—4。

表3—4　　　　　　　优秀组与普通组各隐性知识内容要素的
差异检验（雪上项目运动员）

隐性知识内容要素	运动优秀组		普通组		df	T 值
	均值	标准差	均值	标准差		
情绪自我控制力	3.7253	0.3645	1.6653	0.3378	16	2.241 *
学习完成技术动作的领悟力	4.0387	0.8683	2.4381	0.8474	17	2.211 *
完成技术动作的熟练程度	4.0013	0.5629	2.7117	0.3539	17	2.129 *
沟通诀窍	4.2040	0.2839	3.3430	0.2201	11	2.390 *
理解他人并接受管理	4.6769	0.4059	2.6070	0.7859	17	2.959 * *
运动项目组织内的影响力	3.9542	0.5523	3.2187	0.6484	13	2.126 *
与教练及队友的合作协调能力	4.1740	0.5349	3.3649 +	0.6830	15	2.540 *
技战术运用能力	4.6090	0.6399	3.1459	0.5001	10	3.219 * *
专业知识的深度与广度	4.6511	0.6929	1.8550	0.2673	17	2.420 *
完成技术动作的表现力	3.7810	0.6649	3.3470	0.3840	16	3.235 * *
言说隐性知识的能力	3.8301	0.3451	1.5259	0.6139	9	2.120
解决冲突能力	4.0541	0.5036	3.2740	0.3759	13	2.253 *
完成技术动作的自省力	4.2625	0.2553	2.9032	0.5049	14	3.728 * *
参赛动机	4.1769	0.6258	3.1828	0.3531	12	1.976
训练比赛的自觉积极性	3.7331	0.2725	2.8837	0.8209	14	3.657 * *
比赛经验与阅历	4.1470	0.2636	2.3132	0.6976	11	2.483 *

---

　　①　邹本旭：《中国休闲体育俱乐部指导员胜任特征模型研究》，辽宁工程技术大学博士论文，2010年。

续表

隐性知识内容要素	运动优秀组		普通组		df	T 值
	均值	标准差	均值	标准差		
比赛中即兴发挥的能力	3.6687	0.6074	3.1723	0.8946	16	2.562*
意志力	3.7846	0.8061	3.3635	0.5138	9	2.451*
面对压力的自我调节力	3.5065	0.4416	2.5459	0.4784	17	2.459*
完成技术动作的方法及策略	3.5389	0.7877	2.0114	0.8262	7	1.825
面对复杂比赛局面的应变力	4.1285	0.7050	3.1160	0.6373	14	3.577**

注：＊为在5%水平下显著；＊＊为在1%水平下显著。

如表3—4所示，在平均等级分数上两组的许多隐性知识内容要素都有显著差异。这在某种程度上也体现了我国雪上项目优秀运动员与其他运动员在隐性知识水平上的差异性，这对在竞技体育运动实践中科学选才和遴选出优秀选手参加世界大赛具有一定的借鉴意义。

（2）我国雪上项目优秀运动员的教练员行为事件访谈结果

通过对我国雪上项目优秀运动员的教练员进行行为事件访谈后确定，我国雪上项目优秀运动员具备的隐性知识内容要素如表3—5所示。

①长度（字数）分析

采用频次计分法对我国雪上项目优秀运动员的教练员访谈得到的12个文本进行分析，结果见表3—5，表明隐性知识内容要素的编码的频次具有较为良好的稳定性。

表3—5　　　　隐性知识内容要素频次、平均分数、最高分数与
访谈长度的关系表（教练员）

隐性知识内容要素	长度与频次	长度与平均分数	长度与最高分数
情绪自我控制力	0.2633	0.2014	0.5942**
学习完成技术动作的领悟力	0.3423	0.4731*	0.3491
理解他人并接受管理	0.2096	0.3087	0.3486*
沟通诀窍	0.2463	0.4855*	0.3076
与教练及队友的合作协调能力	0.2010	0.4018	0.5681**

隐性知识内容要素	长度与频次	长度与平均分数	长度与最高分数
技战术运用能力	0.2097	0.3753	0.2273
解决冲突能力	0.1985	0.3051	0.3229
运动项目组织内的影响力	0.4863 *	0.4728 *	0.3098
比赛动机	0.2142	0.3007	0.4801 *
训练比赛的自觉积极性	0.2339	0.3701	0.4205 *
比赛经验与阅历	0.5589 * *	0.1789	0.3984
面对压力的自我调节力	0.3261	0.2025	0.4742 *
专业知识的深度与广度	0.3700	0.3181	0.3659
意志力	0.1860	0.3831	0.3372

注：＊为在5％水平下显著；＊＊为在1％水平下显著。

②信度分析

第一，关于编码归类一致性。

根据编码的结果计算归类一致性为 67.85％，表明编码可信，一致性较好。

第二，关于皮尔逊相关分析。

通过对两个编码者的关于 14 个隐性知识内容要素的编码频次、平均等级分数、最高等级分数三个指标分析（见表3—6），结果显示编码可信，一致性较高。

表3—6 　　　　 两名编码者在频次、平均分数、最高等级
分数编码的相关性（教练员）

隐性知识内容要素	频次	平均分数	最高分数
情绪自我控制力	0.4197	0.4900 *	0.3540
学习完成技术动作的领悟力	0.4763 *	0.4512 *	0.4873 *
理解他人并接受管理	0.4524 *	0.4132 *	0.5303 * *
沟通诀窍	0.4995 *	0.3308	0.3989
与教练及队友的合作协调能力	0.4728 *	0.4148 *	0.4926 *
技战术运用能力	0.4691 *	0.4976 *	0.5001 *

隐性知识内容要素	频次	平均分数	最高分数
解决冲突能力	0.4775 *	0.5389 * *	0.4340 *
运动项目组织内的影响力	0.5998 * *	0.5444 * *	0.4330 *
比赛动机	0.5322 *	0.4512 *	0.4647 *
训练比赛的自觉积极性	0.4153 *	0.3382	0.3448
比赛经验与阅历	0.4525 *	0.4959 *	0.4527 *
专业知识的深度与广度	0.4883 *	0.4891 *	0.4307 *
意志力	0.2768	0.4979 *	0.5730 * *

注: * 为在5%水平下显著; * * 在1%水平下显著。

四 中国雪上项目运动员隐性知识内容要素的确立

通过行为事件访谈确定了我国雪上项目运动员 21 项隐性知识内容要素:情绪自我控制力、学习完成技术动作的领悟力、完成技术动作的熟练程度、沟通诀窍、理解他人并接受管理、运动项目组织内的影响力、与教练及队友的合作协调能力、技战术运用能力、专业知识的深度与广度、完成技术动作的表现力、言说专业隐性知识的能力、解决冲突能力、完成技术动作的自省力、参赛动机、训练比赛的自觉积极性、比赛经验与阅历、比赛中即兴发挥的能力、意志力、面对压力的自我调节力、完成技术动作的方法及策略、面对复杂比赛局面的应变力。然后对我国雪上项目优秀运动员的教练员进行行为事件访谈,从教练员的角度再次确定了我国雪上项目运动员的隐性知识内容要素。通过两者的对比可以发现,在我国雪上项目运动员的 21 项的隐性知识内容要素中"情绪自我控制力""比赛动机""沟通诀窍"等 14 项要素也出现在教练员行为事件访谈的结果中,"完成技术动作自省力""完成技术动作的表现力"等 7 项要素并未在教练员行为事件访谈的结果中出现。为了深入分析此种结果产生的原因,对教练员再次进行了深度访谈,从中发现,100% 的教练员对这 7 项要素给予了充分的认同,认为它们也是我国优秀雪上项目运动员隐性知识内容的重要方面,尽管教练员与运动员朝夕相处,但由于角色认知的差异和运动实践的亲验性特点决定了运动员所具有的部分隐性知识内容要素并未被教练员所感知，这也从教练员的角度对我国雪上项目运动员隐性知识的 21 项内容要素进行了再次确认。但运动员及其教练员在隐性知识内容要素认知上的差异，也说明了教练员在指导运动员训练及比赛的实践活动中，还没有充分认识到这部分隐性知识的存在，至少还缺乏这些隐性知识内容要素对于提升我国雪上项目运动员比赛能力重要性的认识，这对教练员在以后的训练及比赛中有针对性地运用训练方法和采取参赛策略具有积极的借鉴意义。

第三节　中国雪上项目运动员隐性知识的结构模型

为了确定我国雪上项目运动员隐性知识的结构，在通过双向行为事件访谈确定的 21 项隐性知识内容要素的基础上，设计并发放了我国雪上项目运动员内容要素调查问卷，并在此基础上进行了探索性因素分析与验证性因素分析。

竞技体育运动实践的特点决定了我国雪上项目运动员参加训练及比赛活动的本质，是由教练员和运动员共同参与的"教与学"的活动，其最终的目的都是提升我国雪上项目运动员的比赛能力，以取得优异运动成绩。只不过是两者使命的内涵各有不同，双方在履行使命的过程中又逻辑地形成两种活动：一种是教练员为履行"教"的使命而在训练及比赛中形成的"教和导"的活动；另一种是我国雪上项目运动员为履行"学"的使命在训练及比赛中而形成的"学和练"的活动。① 我国雪上项目运动员隐性知识的本质是运动员取得优异的运动成绩应具备的一种知识能力，这种能力只有教练员和我国雪上项目运动员的知识才能认识到。因此，为了验证得到的我国雪上项目运动员隐性知识内容要素的有效性，本部分将依据双向行为事件访谈得出的 21 项我国雪上项目运动员隐性知识内容要素编制问卷，通过对我国雪上项目优秀运动员的教练员发放调

---

① 邹本旭：《中国休闲体育俱乐部指导员胜任特征模型研究》，辽宁工程技术大学博士论文，2010 年。

查问卷，从教练员认知的角度对我国雪上项目运动员隐性知识的结构划分实施进一步的验证。

一 隐性知识内容要素问卷的基本情况分析

（1）调查问卷的设计、发放与回收

本问卷项目的来源主要依据双向行为事件访谈结果编码后得到的指标，最终制定了我国雪上项目运动员隐性知识内容要素调查问卷，该问卷由 21 个问题项组成，采用 liket5 点式请被调查者对某个问题项作为隐性知识内容要素的重要程度进行评分。

根据前文确定的我国雪上项目优秀运动员标准，本章随机选取了黑龙江冬季运动管理中心、吉林雪上训练中心、沈阳体育学院竞技体育学校、新疆体训一大队、解放军八一体工大队的我国雪上项目优秀运动员 267 人（含部分退役优秀雪上项目运动员）。

表3—7　　调查对象的项目类别及人数分布（雪上项目运动员问卷）（N = 267）

项目类别	高山滑雪	越野滑雪	自由式滑雪	冬季两项	单板滑雪	跳台滑雪	北欧两项
数量（人）	79	68	26	23	29	29	13

目前在我国雪上项目的优秀运动员数量较其他项目相比较少，因此在选择调查对象时把部分退役的优秀雪上项目运动员也纳入其中，结合调查对象的群体范围，为提供问卷的有效性，分别采用四种方式进行集中发放，一是现场，二是邮件，三是邮寄，四是电话。发放问卷 267 份，收回问卷 265 份，有效问卷 261 份，问卷回收率和有效问卷率分别达到 99.25% 和 97.75%。

（2）问卷的基本信息与描述性统计

①问卷的基本信息

在调查我国雪上项目运动员隐性知识内容要素重要程度的同时，也对参与调查的我国雪上项目优秀运动员的基本信息进行了收集，详见表3—8。

表 3—8　　　　　　　　我国雪上项目优秀运动员调查问卷基本信息

基本信息		人数	百分比（%）
性别	男	181	69.34
	女	80	30.65
年龄	20 岁以下	43	16.48
	20—29 岁	105	40.23
	30—39 岁	41	15.71
	40 岁以上	72	27.59
学历	中专	28	10.73
	大专	151	57.85
	本科及以上	82	31.42
运动经历	参加过世界级三大赛	37	14.18
	参加过其他国际大赛	55	21.07
	参加过全冬会	88	33.72
	参加过国内单项锦标赛	81	31.03
运动年限	5—7 年	120	45.98
	7 年以上	141	54.02

②描述性统计分析

在进行问卷分析之前，一般首先要对通过问卷获得的数据进行描述性统计分析，以发现其内在的规律，采用 SPSS13.0 对我国雪上项目运动员隐性知识内容要素问卷的结果进行描述性统计。[①] 结果如表 3—9 所示，偏度和峰度统计显示，样本在 0.05 置信区间内通过正态检验。

---

① 邹本旭：《中国休闲体育俱乐部指导员胜任特征模型研究》，辽宁工程技术大学博士论文，2010 年。

表3—9　　　　　　样本的描述性统计分析（雪上项目运动员问卷）

测度项目	样本数	均值	标准差	偏度	峰度
情绪自我控制力	261	2.0768	0.6183	-0.1610	0.0654
学习完成技术动作的领悟力	261	3.6985	0.8429	-0.2641	0.0284
完成技术动作的熟练程度	261	2.158	0.7939	-0.0112	0.2832
沟通诀窍	261	2.0258	0.8178	-0.1508	0.2300
理解他人并接受管理	261	3.9656	0.9098	-0.2247	0.2564
运动项目组织内的影响力	261	4.1687	0.8384	0.1840	0.2807
与教练及队友的合作协调能力	261	2.2417	0.7614	-0.1652	0.1974
技战术运用能力	261	3.8143	0.7166	-0.1598	0.0420
专业知识的深度与广度	261	2.7465	0.6377	-0.2970	0.3394
完成技术动作的表现力	261	1.9226	0.7739	-0.2281	0.1725
言说隐性知识的能力	261	3.5382	0.9567	-0.0342	0.0322
解决冲突的能力	261	2.7345	0.6250	0.1462	0.1437
完成技术动作的自省力	261	3.3514	0.8274	0.1045	0.0283
参赛动机	261	2.5389	0.8841	0.0371	0.2424
训练比赛的自觉积极性	261	2.7816	0.6883	-0.0461	0.2105
比赛经验与阅历	261	2.4833	0.6720	-0.0879	0.3006
比赛中即兴发挥的能力	261	1.9879	0.8453	0.2954	0.2753
意志力	261	2.9969	0.7519	-0.2850	0.0717
面对压力的自我调节力	261	2.3319	0.8490	-0.1060	0.2561
完成技术动作的方法及策略	261	3.5702	0.7032	-0.2687	0.0367
面对复杂比赛局面的应变力	261	2.5998	0.6193	0.0210	0.2295

（3）信度与效度

①问卷信度

利用 SPSS13.0 对问卷的信度进行分析，计算结果显示，调查问卷整体的 Cronbach's α 值高达 0.8531，问卷有较高的信度。

表3—10　我国雪上项目优秀运动员隐性知识内容要素调查问卷信度分析

测度项目	删除这一项后 Cronbach's α	整体 Cronbach's α
情绪自我控制力	0.8056	
学习完成技术动作的领悟力	0.7306	
完成技术动作的熟练程度	0.8487	
沟通诀窍	0.8001	
理解他人并接受管理	0.8419	
运动项目组织内的影响力	0.7372	
与教练及队友的合作协调能力	0.7272	
技战术运用能力	0.7329	
专业知识的深度与广度	0.7088	
完成技术动作的表现力	0.7278	
言说隐性知识的能力	0.7784	0.8531
解决冲突的能力	0.7497	
完成技术动作的自省力	0.8386	
参赛动机	0.7495	
训练比赛的自觉积极性	0.8038	
比赛经验与阅历	0.8081	
比赛中即兴发挥的能力	0.7602	
意志力	0.8425	
面对压力的自我调节力	0.7916	
完成技术动作的方法及策略	0.7775	
面对复杂比赛局面的应变力	0.8236	

②问卷效度

在内容效度上我们充分吸纳前任研究成果，结合课题研究实际进行了梳理，以保证具有较高的内容效度；另外，我们也广泛征求了在竞技体育领域、知识管理领域比较权威的学者、教练员和裁判员的意见，以保证问卷具有较高的结构效度。本书采用因素分析的方法进行问卷效度分析，并删除了在所有因素上负荷较低的项目以保证问卷的效度，[①] 具体过程已在第 3.2.3 节中给出。

二　隐性知识内容结构的探索性因素分析

（1）因素分析的基本原理和基本步骤

因素分析是一种用来检验潜在结构是怎样影响观测变量的方法，有三个基本步骤：因素分析适用性分析、建立因素分析模型、因素旋转及解释。[②]

（2）我国雪上项目优秀运动员隐性知识内容要素问卷结果的探索性因素分析

为了对我国雪上项目优秀运动员隐性知识内容要素进行探索性因素分析和验证性因素分析，我们将得到的 261 份问卷分为两部分，其中随机选取 261 份调查问卷中的 150 份，作为样本进行探索性因素分析，利用剩余的 111 份问卷进行验证性因素分析。

①因素分析适用性分析

因素分析时首先要确定雪上项目优秀运动员及教练员问卷项目是否适合进行因素分析，本书选用 KMO（Kaiser-Meyer-Olkin）进行检验。凯瑟（Kaise）给出了一个 KMO 检验的标准如表 3—11 所示。

表 3—11　　　　　　　　　　　KMO 值检验标准

KMO 值	检验标准
0.9 < KMO < 1	极适合进行因素分析
0.8 < KMO < 0.9	适合进行因素分析
0.7 < KMO < 0.8	尚可进行因素分析
0.6 < KMO < 0.7	勉强可进行因素分析
KMO < 0.6	不适合进行因素分析

---

① 邹本旭：《中国休闲体育俱乐部指导员胜任特征模型研究》，辽宁工程技术大学博士论文，2010 年。

② 同上。

经 Bartlett 球形检验给出的相伴概率为 0.000，小于显著性水平 0.05，因此拒绝 Bartlett 球形检验的零假设，认为适合因素分析；同时 KMO 检验结果为 0.821，根据上述标准，表示可进行因素分析。

②因素分析

一般常用探索性因素分析来确定因素的数目。本书中因素载荷大于 0.4 定为显著载荷量，以决定每一因素所包含的项目，舍去低于 0.4 的值后，各因子的载荷如表3—12所示。

表3—12　　　　　正交旋转之后的雪上项目运动员隐性知识内容
要素载荷矩阵（运动员问卷）

隐性知识内容要素	Component			
	1	2	3	4
比赛中的情绪自我控制力	0.8571			
参赛动机	0.7789			
面对压力的自我调节力	0.6488			
训练比赛的自觉积极性	0.5881			
意志力	0.4170			
沟通诀窍		0.8430		
解决冲突的能力		0.7229		
与教练及队友的合作协调能力		0.6893		
运动项目组织内的影响力		0.5334		
理解他人并接受管理		0.54881		
技战术运用能力				
专业知识的深度与广度			0.8514	
比赛中即兴发挥的能力			0.7408	
学习完成技术动作的自省力			0.6939	
学习完成技术动作的领悟力			0.6213	
面对复杂比赛局面的应变力			0.4265	
完成技术动作的方法及策略				0.8108

续表

隐性知识内容要素	Component			
	1	2	3	4
完成技术动作的表现力				0.7937
完成技术动作的熟练程度				0.7255
言说隐性知识的能力				0.6175
比赛经验与阅历				0.5334
方差解释比例	29.42%	21.51%	14.37%	9.89%
总方差解释比例	75.19%			

4 个因素共解释了总方差的 75.19%，观测变量对因素的载荷符合要求。将 a_8 删除后的剩余变量进行第二次因子分析，得到 KMO 样本测度值为 0.743，Bartlett 球形检验的显著性水平小于 0.001，各因子的载荷如表 3—13 所示。

表 3—13　删除"技战术运用能力"雪上项目运动员隐性知识内容要素载荷矩阵（运动员问卷）

隐性知识内容要素	Component			
	1	2	3	4
比赛中的情绪自我控制力	0.8929			
参赛动机	0.6859			
面对压力的自我调节力	0.6201			
训练比赛的自觉积极性	0.5299			
意志力	0.4701			
沟通诀窍		0.8250		
解决冲突的能力		0.7311		
与教练及队友的合作协调能力		0.6129		
运动项目组织内的影响力		0.5931		
理解他人并接受管理		0.4380		
专业知识的深度与广度			0.8547	
比赛中即兴发挥的能力			0.7228	

隐性知识内容要素	Component			
	1	2	3	4
学习完成技术动作的自省力			0.6663	
学习完成技术动作的领悟力			0.5364	
面对复杂比赛局面的应变力			0.4265	
完成技术动作的方法及策略				0.8388
完成技术动作的表现力				0.7270
完成技术动作的熟练程度				0.6423
言说隐性知识的能力				0.5303
比赛经验与阅历				0.4432
方差解释比例	32.39%	21.46%	15.29%	9.96%
总方差解释比例	79.10%			

本书经过探索性因素分析，总共抽取了 4 个因素，这 4 个因素构成了我国雪上项目运动员隐性知识内容要素的 4 个不同的层面。第一个因素包含了 5 个项目，第二个因素包含了 5 个项目，第三个因素包含了 5 个项目，第四个因素包含了 5 个项目。

③因素的命名与解释

因素 1 中包含 5 个项目，即比赛中的情绪自我控制力、参赛动机、面对压力的自我调节力、训练比赛的自觉积极性、意志力。主要反映了优秀的我国雪上项目运动员的竞技价值观、性格特征等方面，这些都与我国雪上项目运动员的个人价值观、素质和个性有关，因此因素 1 被命名为“个人特质隐性知识”。

因素 2 中包含 5 个项目，即沟通诀窍、解决冲突的能力、与教练及队友的合作协调能力、运动项目组织内的影响力、理解他人并接受管理。这些隐性知识内容要素反映的是我国雪上项目运动员处理与教练员及队友之间关系的能力，因此因素 2 被命名为“人际技能隐性知识”。

因素 3 中包含 5 个项目，即专业知识的深度与广度、比赛中即兴发挥的能力、学习完成技术动作的自省力、学习完成技术动作的领悟力、面对复杂比赛局面的应变力。这五项隐性知识内容要素主要反映的是我国雪上项目运动员心智模式层面的隐性知识，因此将这一因素命名为"元认知隐性知识"。

因素4中包含5个项目，即完成技术动作的方法及策略、完成技术动作的表现力、完成技术动作的熟练程度、言说专业隐性知识的能力、比赛经验与阅历。这5项要素主要反映的是训练及比赛中我国雪上项目运动员完成技术动作的诀窍。因此因素4被命名为"专业技能隐性知识"。

基于以上探索性因素分析的结果，本章把我国雪上项目运动员隐性知识内容的基本结构共分为四个维度，即我国雪上项目运动员个人特质隐性知识、人际技能隐性知识、元认知隐性知识和专业技能隐性知识。

三　隐性知识结构模型的验证性研究

（1）验证性研究方法的选择——结构方程模型

结构方程模型（SEM）可以用于解释一个或多个自变量与一个或多个因变量之间的关系，其基本思想是：在先前理论和已有知识的基础上，通过推论和假设，形成一个关于一组变量之间的相互关系的模型，然后用数据对模型进行验证，如果模型能很好地拟合数据，模型就可以被接受，否则，需要对模型进行修正使其更好地拟合数据，最后，通过一定的标准来判断拟合的好坏。[①]

我国雪上项目运动员隐性知识在内容层面上研究的最大特点就是问题复杂，涉及多个变量，且都以隐性变量的形式出现，而结构方程模型的特点和优点恰恰与之相适应，满足了我国雪上项目运动员隐性知识研究方法上的需求。前文通过探索性因素分析的结果构建了我国雪上项目运动员隐性知识结构模型，这样就可以通过结构方程模型来验证观测变量之间的协方差，估计出线性回归模型的系数，从而在统计上检验我国雪上项目运动员隐性知识结构模型所研究的过程是否合适，如果证实这

---

① 魏仕杰：《基于隐性知识显性化的知识管理策略影响因素研究》，浙江大学硕士论文，2006 年。

个模型合适,就可以说假设潜变量之间的关系是合理的。① 因此,本书选择结构方程模型进行我国雪上项目运动员隐性知识结构模型的验证性研究是可行的,也是必要的。

(2) 我国雪上项目运动员隐性知识结构模型的验证性因素分析

根据探索性因素分析的结果构建了我国雪上项目运动员隐性知识结构模型,并且利用 LISREL8.70 通过结构方程模型对该模型进行了检验。利用结构方程模型对我国雪上项目运动员隐性知识内容模型进行验证性因素分析的过程如下:

①模型的构建

通过对我国雪上项目运动员隐性知识内容结构的探索性因素分析,萃取出我国雪上项目运动员个人特质隐性知识、人际技能隐性知识、元认知隐性知识、专业技能隐性知识四个因素,将这四个因素作为我国雪上项目运动员隐性知识结构模型的四个维度,构成了我国雪上项目运动员隐性知识结构模型,如图 3—2 所示。

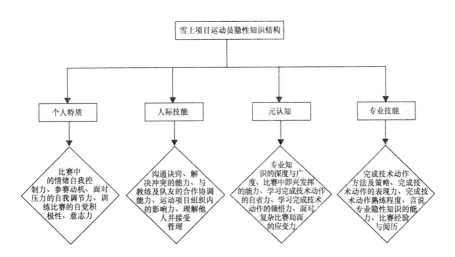

图3—2 我国雪上项目运动员隐性知识内容结构模型(雪上项目运动员问卷)

---

① 邹本旭:《中国休闲体育俱乐部指导员胜任特征模型研究》,辽宁工程技术大学博士论文,2010 年。

②数据的收集

利用我国雪上项目运动员隐性知识内容要素问卷的数据对隐性知识结构模型进行验证性因素分析，在获得的 261 份问卷中随机选取 150 份问卷作为探索性因素分析的样本，进行探索性因素分析，将剩余的 111 份问卷作为验证性因素分析的样本进行验证性分析。①

③模型估计

本书采用 LISREL8.70 软件对我国雪上项目运动员隐性知识结构模型进行验证性因素分析，估计方法采用最大似然法，验证模型的参数估计值。② 如图 3—3 所示：

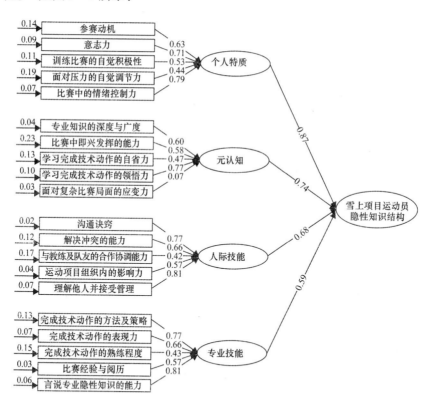

图3—3　雪上项目运动员隐性知识结构模型验证性因素分析（雪上项目运动员问卷）

---

① 曹连众、王前：《竞技体育人才隐性知识与比赛能力关系研究》，《山西大学学报》（哲学社会科学版）2010 年第 33 卷第 5 期，第 129—133 页。

② 同上。

④模型评估

在得到我国雪上项目运动员隐性知识结构模型的参数估计后，需要对其进行检验，主要检验指标及各指标标准如表3—14所示。[1]

表3—14　　　　　　　　　　结构方程主要检验标准[2]

名称	英文简称	含义	标准
卡方检验 χ^2/df	χ^2 test	说明理论模型与观察模型的拟合程度	$\chi^2/df \leqslant 3.0$，并要求 $p > 0.05$
残差均方根	Root Mean Square Residual, RMR	适配残差变异数/共变数的平均值的平方根	越小越好
标准化残差均方根	Standardized Root Square Error of Approximation, SRSE	平均残差共变标准化的总和	SRSE < 0.080
拟合优度指数	Goodness of Fit Index, GFI	理论模型的变异数与共变数能够解释观察资料的变异数与共变数的程度	GFI > 0.85，且越大越好
调整的拟合优度指数	Adjusted Goodness of Fit Index, AGFI	考虑模型复杂度后的AGFI	AGFI > 0.85，且越大越好
标准拟合指数	Normed Fit Index, NFI	如果NFI越接近1表示模型拟合程度越好	NFI > 0.90
非标准拟合指数	Non-normed Fit Index, NNFI	考虑模型复杂度后的NNFI	NNFI > 0.90
比较拟合指数	Comparative Fit Index, CFI	CFI介于0到1之间	CFI > 0.90
近似误差均方根	Root Mean Square Error of Approximation, RMSEA	模型与母群体的共变矩阵的适配程度	RMSEA > 0.05

---

① 邹本旭：《中国休闲体育俱乐部指导员胜任特征模型研究》，辽宁工程技术大学博士论文，2010年。

② 同上。

本书通过 LISREL8.70 程序对我国雪上项目运动员隐性知识结构模型的拟合度进行了检验，检验结果如表3—15所示，检验结果表明各个拟合检验指标均在允许的范围内，说明该模型的拟合程度比较理想，不需要对其进行修正。

表3—15　　　　雪上项目运动员隐性知识内容结构模型拟合度检验

模型拟合测度指标	实测值
p 值	0.0761
χ^2/df	1.6371
RMR	0.3216
SRSE	0.0594
GFI	0.8832
AGFI	0.8761
NFI	0.9117
NNFI	0.8693
CFI	0.9012
RMSEA	0.0463

验证性因素分析结果表明，通过探索性因素分析建立的我国雪上项目运动员隐性知识结构模型是合理的，这一由运动员个人特质隐性知识、人际技能隐性知识、元认知隐性知识、专业技能隐性知识构成的四维结构模型能够很好地反映我国雪上项目运动员隐性知识内容结构。

四　基于教练员认知的隐性知识结构模型研究

在前文中我们通过探索性因素分析建立了我国雪上项目运动员隐性知识结构模型，并从运动员自身的角度出发对其进行了验证性研究，然而，由于竞技体育运动实践的特殊性决定了能够深刻感知我国雪上项目运动员隐性知识的主要群体范围，一是运动员自身，二是与运动员朝夕相处的教练员，因此，有必要从教练员的角度再次对我国雪上项目运动员隐性知识结构模型进行验证分析，以确保结构模型的客观性和科学性。

（1）基于教练员认知的雪上项目运动员隐性知识内容要素问卷的基本情况分析

①调查问卷的设计、发放与回收

本问卷的设计原则与我国雪上项目运动员隐性知识内容要素的调查问卷大致相同，也由 21 个问题项组成，采用 liket5 点式由我国雪上项目优秀运动员的教练员就某个问题项作为隐性知识内容要素的重要程度进行评分。

根据前文确定的我国雪上项目优秀运动员基本情况，本书随机选取了他（她）们的教练员作为问卷调查对象，总计 34 人（含部分曾执教或已退休的教练员）。

表 3—16　　　　　　　调查对象的项目类别及人数分布
（我国雪上项目运动教练员问卷）（N＝34）

项目类别	高山滑雪	越野滑雪	自由式滑雪	冬季两项	单板滑雪	跳台滑雪	北欧两项
数量（人）	7	5	7	3	5	4	3

由于许多教练员有训练及比赛任务等工作原因，很难集中发放，因此，我们采用了三种调查形式：现场发放、电话调查和电子邮件调查。无论哪种调查方式，在调查前首先由调查人员就问卷的内容对调查对象进行当面或书面的讲解，对于被调查人无法理解的问题由调查人员当面或书面做出解释。发放问卷 34 份，收回问卷 33 份，有效问卷 31 份，回收率和有效率分别为 97.06% 和 91.18%。

②问卷的描述性统计

第一，问卷的描述性统计。

采用 SPSS13.0 对基于教练员的我国雪上项目运动员隐性知识内容要素调查问卷的结果进行描述性统计，统计结果如表 3—17 所示，偏度和峰度统计显示样本在 0.05 置信区间内通过正态检验。

表3—17　　　　　　　样本的描述性统计分析（教练员问卷）

测度项目	样本数	均值	标准差	偏度	峰度
情绪自我控制力	100	3.1982	0.6088	0.0889	0.0942
学习完成技术动作的领悟力	100	3.2533	0.9625	-0.0719	0.0248
完成技术动作的熟练程度	100	3.3412	0.9018	0.2249	0.0394
沟通诀窍	100	3.6637	0.4210	0.1876	0.0866
理解他人并接受管理	100	3.1421	0.7781	0.1718	0.1781
运动项目组织内的影响力	100	2.9291	0.5020	-0.1387	0.2682
与教练及队友的合作协调能力	100	3.6572	0.8421	0.1163	0.0033
技战术运用能力	100	3.9653	0.8158	-0.1452	0.1558
专业知识的深度与广度	100	2.7689	0.7713	0.0581	0.0339
完成技术动作的表现力	100	2.7488	0.9971	-0.2056	0.0672
言说专业隐性知识的能力	100	2.8031	0.9974	0.0581	0.0663
解决冲突的能力	100	3.5996	0.5643	-0.1911	0.0633
完成技术动作的自省力	100	3.4343	0.3966	-0.0391	0.0325
参赛动机	100	3.4039	0.7209	0.1546	0.0822
训练比赛的自觉积极性	100	3.5657	0.4130	-0.2998	0.1887
比赛经验与阅历	100	4.1832	0.8392	-0.2133	0.0679
比赛中即兴发挥的能力	100	2.6724	0.3975	-0.2341	0.1975
意志力	100	3.4888	0.9343	-0.0125	0.0832
面对压力的自我调节力	100	3.9183	0.9953	0.1301	0.0947

第二，关于问卷的信度与效度。

利用 SPSS13.0 对问卷的信度进行分析，计算结果如表3—18所示，显示问卷整体 Cronbach's α 值高达 0.8429，具有较高信度。

表 3—18　　　　　　　我国雪上项目运动员隐性知识内容要素
调查问卷信度分析（教练员问卷）

测度项目	删除这一项后 Cronbach's α	整体 Cronbach's α
情绪自我控制力	0.8371	
学习完成技术动作的领悟力	0.8354	
完成技术动作的熟练程度	0.8271	
沟通诀窍	0.7862	
理解他人并接受管理	0.8392	
运动项目组织内的影响力	0.7925	
与教练及队友的合作协调能力	0.8074	
技战术运用能力	0.8296	0.8429
专业知识的深度与广度	0.8056	
完成技术动作的表现力	0.8206	
言说专业隐性知识的能力	0.8376	
解决冲突的能力	0.7862	
完成技术动作的自省力	0.8358	
参赛动机	0.8382	
训练比赛的自觉积极性	0.8313	
比赛经验与阅历	0.7754	

经 Bartlett 球形检验给出的相伴概率为 0.000，小于显著性水平 0.05，因此拒绝 Bartlett 球形检验的零假设，认为适合因素分析；同时 KMO 检验值为 0.815，根据上文给出的标准，表示可进行因素分析。[1]

通过对问卷结果进行因素分析后发现，其中"技战术运用能力"指标在各个因素上的载荷均小于 0.4 予以删除，第二次因素分析的结果如

---

[1]　曹连众、王前：《竞技体育人才隐性知识与比赛能力关系研究》，《山西大学学报》（哲学社会科学版）2010 年第 33 卷第 5 期，第 129—133 页。

表3—19 所示。①

表3—19   删除"技战术运用能力"我国雪上项目运动员隐性知识
内容要素载荷矩阵（教练员问卷）

隐性知识内容要素	Component			
	1	2	3	4
比赛中的情绪自我控制力	0.8322			
参赛动机	0.7123			
面对压力的自我调节力	0.6425			
训练比赛的自觉积极性	0.5196			
意志力	0.4735			
沟通诀窍		0.8122		
解决冲突的能力		0.7013		
与教练及队友的合作协调能力		0.6521		
运动项目组织内的影响力		0.5836		
理解他人并接受管理		0.4481		
专业知识的深度与广度			0.8321	
比赛中即兴发挥的能力			0.7854	
学习完成技术动作的自省力			0.6726	
学习完成技术动作的领悟力			0.5431	
面对复杂比赛局面的应变力			0.4705	
完成技术动作的方法及策略				0.8421
完成技术动作的表现力				0.7735
完成技术动作的熟练程度				0.6706
言说专业隐性知识的能力				0.5405
比赛经验与阅历				0.4356
方差解释比例	33.57%	22.36%	14.18%	8.66%
总方差解释比例	78.77%			

通过因素分析后共抽取4个因素，4个因素的总方差解释比例为

————————

① 邹本旭:《中国休闲体育俱乐部指导员胜任特征模型研究》，辽宁工程技术大学博士论文，2010年。

78.77％，通过问卷有效性检验，表明基于教练员认知的我国雪上项目运动员隐性知识内容要素调查问卷具有较强的效度。

（2）基于教练员调查问卷的我国雪上项目运动员隐性知识结构模型的验证性因素分析

采用 LISREL8.70 软件利用教练员问卷通过结构方程模型对我国雪上项目运动员隐性知识结构模型进行验证性因素分析，验证模型的参数估计值如图 3—4 所示。

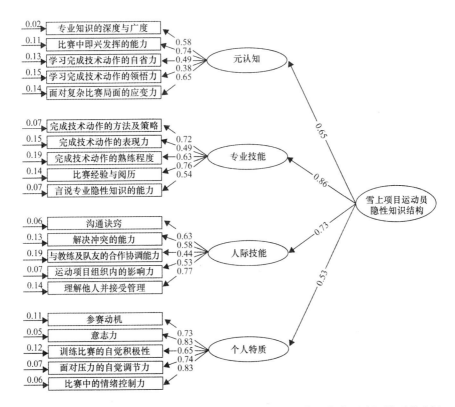

图3—4　基于教练员认知的雪上项目运动员隐性知识内容结构模型验证性因素分析

本书通过 LISREL8.70 程序对基于教练员认知的我国雪上项目运动员隐性知识内容基本结构模型的拟合度进行了检验，检验结果如表 3—20 所示，检验结果表明各个拟合检验指标均在允许的范围内，说明该模型的拟合程度比较理想。[1]

表3—20　　　　　基于教练员认知的我国雪上项目运动员隐性
知识结构模型拟合度检验

模型拟合测度指标	实测值	标准
p 值	0.0636	$p > 0.05$
χ^2/df	1.5912	$\chi^2/df \leqslant 3.0$
RMR	0.2876	越小越好
SRMR	0.0693	SRMR < 0.080
GFI	0.8762	GFI < 0.85，且越大越好
AGFI	0.8759	AGFI < 0.85，且越大越好
NFI	0.9213	NFI < 0.90
NNFI	0.8763	NNFI < 0.85
CFI	0.9123	CFI < 0.90
RMSEA	0.0472	RMSEA < 0.05

　　基于教练员调查问卷的验证性因素分析结果表明，通过我国雪上项目优秀运动员调查问卷建立的运动员隐性知识结构模型是合理的，具有良好的稳定性，这个由个人特质、元认知、人际技能及专业技能构成的四维结构模型能够很好地反映我国雪上项目运动员隐性知识的内容结构。但是，将基于教练员认知的隐性知识结构模型的验证性因素分析结果，与基于我国雪上项目优秀运动员认知的隐性知识结构模型的验证性因素分析结果进行对比，可以发现两者所得出的我国雪上项目运动员内容结构虽然相同，但是在隐性知识内容结构各维度与我国雪上项目运动员隐性知识整体的路径系数上存在差异[2]，主要体现在：我国雪上项目优秀运动员调查问卷得出的各维度的路径系数依次是个人特质、元认知、人际技能、专业技能，而教练员问卷得出的路径系数依次是专业技能、人际

　　① 邹本旭：《中国休闲体育俱乐部指导员胜任特征模型研究》，辽宁工程技术大学博士论文，2010 年。
　　② 同上。

技能、元认知，这表明我国雪上项目优秀运动员在对隐性知识四个维度对于提升比赛能力的重要性认同上，更看重其自身的个性品质和心智模式，我国雪上项目优秀运动员的教练员则更看重专业技能和人际技能沟通能力，而这两种能力之所以被其看重，主要是因为在训练及比赛等运动实践中，我国雪上项目运动员的这种能力能被教练员所直接感知或易于感知。由此可见，在训练及比赛等运动实践中，一方面，我国雪上项目运动员要不断提升自己言说专业隐性知识的能力，加强与教练员的交流沟通，将自己的个性品质和心智模式通过训练及比赛等运动实践活动尽可能地显现出来，以利于提高教练员训练及比赛策略制定的有效性和针对性；另一方面，教练员在训练及比赛等运动实践中不仅要重视技术因素，更要重视我国雪上项目运动员个体在个性品质和心智模式上的差异性，在训练手段的运用和参赛策略的制定上要体现"因人制宜"的思想，这将对有效提升我国雪上项目运动员的比赛能力具有积极的促进作用。

第四节　中国雪上项目运动员隐性知识的测评

由于雪上项目运动员隐性知识本身具有难言性、私密性等特点，因此对于它的测量只能是间接的、相对的，测评的主体并非是运动员隐性知识本身，而是其在参与竞技体育运动实践中所表现的行为特征的测量，所得测评结果是相对于其他运动员个体而言的，只有相对意义，而无绝对意义。[①] 本书首先选取层次分析法对雪上项目运动员隐性知识测评体系的各维度、要素的权重进行了确定，然后借鉴企业 360 度考核绩效法的相关理论，在建立较为科学的专家库的基础上，通过专家评分，运用模糊综合测评法对雪上项目运动员隐性知识进行定量分析。

---

① 曹连众、李军岩：《基于 AHP 方法的竞技体育人才隐性知识测评研究》，《沈阳体育学院学报》2011 年第 4 期，第 11—14 页。

一 中国雪上项目运动员隐性知识测评指标体系的内容

前文对雪上项目运动员隐性知识内容要素及结构模型进行了分析，依此总结归纳出 20 个具体指标，涵盖了元认知隐性知识、个人特质隐性知识、人际技能隐性知识、专业技能隐性知识四个维度。

在指标体系中把影响我国雪上项目运动员隐性知识体系的众多维度作为一个整体，根据隐性知识维度之间的相互联系和不同的作用分解为若干有序的指标。一个复杂的雪上项目运动员隐性知识测评指标体系被分解成三个递阶层次，构造出一个各因素之间相互联结、相互影响的三层结构，在每个层次中根据其对隐性知识的影响，合理赋予权重，以突出重点的目标、维度和要素。[①]

处于最高层的是雪上项目隐性知识体系要实现的总目标，即雪上项目隐性知识测评指标体系 A；中间层元素是维度层，即构成雪上项目隐性知识体系的四个维度：元认知维度 B_1、个人特质维度 B_2、人际技能维度 B_3、专业技能维度 B_4；最底层是雪上项目运动员隐性知识体系的要素层，共设有 20 个要素项 C_i（$i=1$，2，…，20）。我国雪上项目运动员隐性知识测评指标体系如表 3—21 所示。[②]

表 3—21　　我国雪上项目运动员隐性知识测评指标体系[③]

竞技体育人才隐性知识评价指标体系 A	元认知维度 B_1	专业知识的深度及广度 B_{11}
		比赛中即兴发挥的能力 B_{12}
		学习完成技术动作的自省力 B_{13}
		学习完成技术动作的领悟力 B_{14}
		面对复杂比赛局面的应变力 B_{15}

① 曹连众、李军岩：《基于 AHP 方法的竞技体育人才隐性知识测评研究》，《沈阳体育学院学报》2011 年第 4 期，第 11—14 页。

② 同上。

③ 同上。

竞技体育人才隐性知识评价指标体系 A	个人特质维度 B_2	参赛动机 B_{21}
		比赛中的情绪自我控制力 B_{22}
		面对压力的自我调节能力 B_{23}
		训练比赛的自觉积极性 B_{24}
		意志力 B_{25}
	人际技能维度 B_3	沟通诀窍 B_{31}
		解决冲突的能力 B_{32}
		与教练及队友的合作协调能力 B_{33}
		运动项目组织内的影响力 B_{34}
		理解他人并接受管理 B_{35}
	专业技能维度 B_4	完成技术动作的方法及策略 B_{41}
		完成技术动作的表现力 B_{42}
		完成技术动作的熟练程度 B_{43}
		言说专业隐性知识的能力 B_{44}
		比赛经验与阅历 B_{45}

二　中国雪上项目运动员隐性知识测评方法的选择

为了尽可能科学地对雪上项目运动员隐性知识进行测评，本书在确定各要素、维度对于总目标的贡献率方面选用了层次分析法，确定权重之后，然后运用模糊综合测评法对雪上项目运动员隐性知识进行了定量分析。

（一）层次分析法

层次分析法最大特点在于定性和定量相结合，强调系统化、层次化，核心思想有两个，一是分层的思想，二是两两比较的思想。层次分析法通过定性分析和定量计算相结合，既考虑了隐性知识维度及其要素的权重，又避免了测评过程中主观性的出现，满足了对于雪上项目运动员隐性知识测评特殊性的要求。[①]

---

① 曹连众、李军岩：《基于 AHP 方法的竞技体育人才隐性知识测评研究》，《沈阳体育学院学报》2011 年第 4 期，第 11—14 页。

（二）模糊综合测评法

在实际问题中，人们往往选择多个因素或多个指标来对一事物进行测评，如对生态城市的测评、对知识员工的测评、对教师知识能力测评，等等。对这样事物的测评受到两个方面的制约，一方面，该测评对象本身具有不确定含义，具有模糊性；另一方面，它常常受到多种随机因素的影响，也具有模糊性。为了提高测评的科学性和准确性，需要采用多个指标和多个因素的综合测评方法。而模糊综合评价方法就是这样的测评方法。因此，模糊综合评价法的特点满足了我国雪上项目运动员隐性知识测评的要求，在用层次分析法确定运动员隐性知识各要素、维度对总目标的贡献率的基础上，运用综合模糊测评法对雪上项目运动员隐性知识进行了定量分析，能够有效地区分不同雪上项目运动员个体隐性知识水平等差异。

三　中国雪上项目运动员隐性知识测评的过程分析

（一）隐性知识测评过程中的调研分析

为保证调查对象的代表性，我们将其标准确定为：一是要参加过全冬会或国内单项锦标赛以上级别等国内外大赛；二是至少要有 5 年以上的训练及比赛经历；三是要具有大专以上学历。这三点保证了访谈对象能够结合自身丰富的运动实践，对运动员隐性知识的概念、内涵、特征、结构等基本理论问题有深刻理解，使得访谈对象特征体现充分，保证了评分的客观性。依此标准，从 2013 年 3 月起，随机选取了沈阳体育学院竞技体育学校、黑龙江冬季运动管理中心、吉林冰雪训练中心、解放军八一体工大队、新疆体训一大队的 54 名雪上项目运动员作为访谈对象，通过专家模拟分析的方法进行访谈和问卷调查。此次调查共收集到有效雪上项目运动员打分问卷 49 份，从项目分布来看，涵盖了高山滑雪、冬季两项、单板滑雪、自由式滑雪、跳台滑雪、北欧两项、越野滑雪等所有建有国家集训队的项目，符合层次分析法对专家数量的要求。①

（二）我国雪上项目运动员隐性知识测评各维度、要素权重的确定

（1）雪上项目运动员隐性知识测评指标判断矩阵的构造

各判断矩阵是表示本层所有因素针对上一层某一个因素的相对重要性的比较。判断矩阵的因素 b_{ij} 用 Santy 的 1.9 标度方法，② 如表 3—22 所示。

表 3—22　　　　　　　　判断矩阵元素的标度方法③

标度	含义
1	表示两个因素相比，具有同样重要性
3	表示两个因素相比，一个因素比另一个因素稍微重要
5	表示两个因素相比，一个因素比另一个因素明显重要
7	表示两个因素相比，一个因素比另一个因素强烈重要
9	表示两个因素相比，一个因素比另一个因素极端重要
2，4，6，8	上述两相邻判断的中值
倒数	因素 i 与 j 比较的判断 b_{ij}，则因素 j 与 i 比较的判断 $b_{ij}=1/b_{ij}$

对每一层次各维度的相对重要性用数值形式给出判断，并写成矩阵形式如图 3—5 所示。其中任何判断矩阵都应满足 b_{ij}，$b_{ij}=1/b_{ij}$（i，$j=1$，2，$\cdots$，n），判断矩阵中的指标数值可以根据调研数据、统计资料以及专家意见综合权衡后得出。④

$$A=\begin{bmatrix} b_{11}\,b_{12}\cdots b_{1n} \\ b_{21}\,b_{22}\cdots b_{2n} \\ b_{n1}\,b_{n2}\cdots b_{nn} \end{bmatrix}$$

图 3—5　雪上项目运动员隐性知识测评一般判断矩阵

① 曹连众、李军岩：《基于 AHP 方法的竞技体育人才隐性知识测评研究》，《沈阳体育学院学报》2011 年第 4 期，第 11—14 页。
② 同上。
③ 同上。
④ 同上。

（2）雪上项目运动员隐性知识测评指标层次单排序及其一致性检验

能否确认层次单排序，需要进行一致性检验，所谓一致性检验是指对矩阵确定不一致的允许范围。因此，在得到 $\lambda_{\max}$ 后，还须对判断矩阵的一致性进行检验。[①]

由于 λ 连续的依赖于 b_{ij}，则 $\lambda_{\max}$ 比 n 大得越多，A 的不一致性越严重。用最大特征值对应的特征向量，作为被比较因素对上层某因素影响程度的权向量，其不一致程度越大，引起的判断误差越大。因而可以用 $\lambda_{\max} - n$ 数值的大小来衡量 A 的不一致程度。

为了检验判断矩阵的一致性，定义一致性指标：$CI = \dfrac{\lambda_{\max} - n}{n - 1}$

$CI = 0$，有完全的一致性。

CI 接近于 0，有满意的一致性。

CI 越大，不一致越严重。

为衡量 CI 的大小，引入随机一致性指标 RI。方法为随机构造 500 个成对比较矩阵 A_1，A_2，$\cdots$，A_{500}，则可得一致性指标 CI_1，CI_2，$\cdots$，CI_{500}。

根据公式：$\dfrac{RI = CI_1 + CI_2 + \cdots CI_{500}}{500} = \dfrac{\dfrac{\lambda_1 + \lambda_2 + \cdots + \lambda_{500}}{500} - n}{n - 1}$

表3—23　　　　　　　　　　　　随机一致性指标

n	1	2	3	4	5	6	7	8	9	10
RI	0	0	0.58	0.90	1.12	1.24	1.32	1.41	1.45	1.49

定义一致性比率：$CR = \dfrac{CI}{RI}$

一般，当一致性比率 $CR = \dfrac{CI}{RI} < 0.1$ 时，认为 A 的不一致程度在容许

① 曹连众、李军岩：《基于 AHP 方法的竞技体育人才隐性知识测评研究》，《沈阳体育学院学报》2011 年第 4 期，第 11—14 页。

范围之内，有满意的一致性，通过一致性检验。可用其归一化特征向量作为权向量，否则要重新构造成对比较矩阵 A，对 b_{ij} 加以调整。

本书采用 AHP 中的群体决策，判断矩阵中应是各个专家判断值的几何平均值，对专家打分数据利用 MATLAB 7.0 进行了处理得出最终数值，并构造判断矩阵进行计算，所得结果如下：

①判断矩阵 $A - B$（相对于总目标而言，各维度之间相对重要性的比较）

表3—24　　　　　　　　　判断矩阵 $A - B$

A	B_1	B_2	B_3	B_4	W
B_1	1	5	8	3	0.5628
B_2	1/5	1	2	1/4	0.0925
B_3	1/8	1/2	1	1/7	0.0510
B_4	1/3	4	7	1	0.2938

注：$\lambda_{max} = 4.1122$，$CI = 0.0374$，$RI = 0.90$，$CR = 0.042 < 0.1$

②判断矩阵 $B_1 - R$（相对于元认知维度而言，各维度之间相对重要性比较）

表3—25　　　　　　　　　判断矩阵 $B_1 - R$

B_1	B_{11}	B_{12}	B_{13}	B_{14}	B_{15}	W_1
B_{11}	1	8	4	3	6	0.4898
B_{12}	1/8	1	1/5	1/7	1/3	0.0357
B_{13}	1/4	5	1	1/2	2	0.1372
B_{14}	1/3	7	2	1	6	0.2656
B_{15}	1/6	3	1/2	1/6	1	0.0716

注：$\lambda_{max} = 5.2093$，$CI = 0.0523$，$RI = 1.12$，$CR = 0.047 < 0.1$

③判断矩阵 $B_2 - O$（相对于个人特质维度而言，各维度之间相对重要性比较）

表3—26   判断矩阵 $B_2 - O$

B_2	B_{21}	B_{22}	B_{23}	B_{24}	B_{25}	W_2
B_{21}	1	5	7	9	2	0.4865
B_{22}	1/5	1	3	5	1/2	0.1436
B_{23}	1/7	1/3	1	3	1/5	0.0655
B_{24}	1/9	1/5	1/3	1	1/8	0.0334
B_{25}	1/2	2	5	8	1	0.2710

注：$\lambda_{max} = 5.1500$，$CI = 0.0375$，$RI = 1.12$，$CR = 0.033 < 0.1$

④判断矩阵 $B_3 - C$（相对于人际技能维度而言，各维度之间相对重要性比较）

表3—27   判断矩阵 $B_3 - C$

B_3	B_{31}	B_{32}	B_{33}	B_{34}	B_{35}	W_3
B_{31}	1	5	2	7	9	0.4816
B_{32}	1/5	1	1/3	3	5	0.1338
B_{33}	1/2	3	1	5	7	0.2889
B_{34}	1/7	1/3	1/5	1	2	0.0591
B_{35}	1/9	1/5	1/7	1/2	1	0.0366

注：$\lambda_{max} = 5.1320$，$CI = 0.0330$，$RI = 1.12$，$CR = 0.029 < 0.1$

⑤判断矩阵 $B_4 - L$（相对于专业技能维度而言，各维度之间的相对重要性比较）

表3—28   判断矩阵 $B_4 - L$

B_4	B_{41}	B_{42}	B_{43}	B_{44}	B_{45}	W_4
B_{41}	1	9	7	5	2	0.4857
B_{42}	1/9	1	1/3	1/4	1/6	0.0376
B_{43}	1/7	3	1	1/2	1/5	0.0722
B_{44}	1/5	4	2	1	1/3	0.1180
B_{45}	1/2	6	5	3	1	0.2865

注：$\lambda_{max} = 5.1631$，$CI = 0.0408$，$RI = 1.12$，$CR = 0.036 < 0.1$

以上各判断矩阵均通过一致性检验。

（3）雪上项目运动员隐性知识测评指标层次总排序及其一致性检验

计算某一层次所有因素对于最高层（总目标）相对重要性的权值，称为层次总排序。这一过程是从最高层次到最低层次依次进行的。[1]

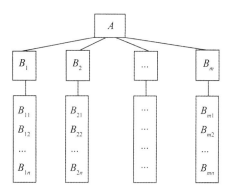

图3—6　雪上项目运动员隐性知识测评体系层次总排序

B_m 层有 m 个维度 B_1，B_2，$\cdots$，B_m，对总目标 A 的排序为：

B_1，B_2，$\cdots$，B_m

B_{mn} 层 n 个维度对应上层 B_m 层中维度为 B_j 的层次单排序为：

B_{1j}，B_{2j}，$\cdots$，B_{nj} $(j=1，2，\cdots，m)$

即 B_{mn} 层第 i 个因素对总目标的权值为：$\sum\limits_{j=1}^{m} B_j B_{ij}$

表3—29　　　　　　　　　　　　**B_{mn} 层的层次总排序**

B_{mn} ＼ B_m	B_1，$B_2 \cdots B_m$
B_{12} B_{12} $\cdots$ B_{1m}	$\sum\limits_{j=1}^{m} B_j B_{2j} = B_1$
B_{22} B_{22} $\cdots$ B_{2m}	$\sum\limits_{j=1}^{m} B_j B_{2j} = B_2$
$\cdots$ $\cdots$ $\cdots$ $\cdots$	
B_{12} B_{22} $\cdots$ B_{1m}	$\sum\limits_{j=1}^{m} B_j B_{3j} = B_3$

① 李军岩：《企业战略柔性系统构建研究》，辽宁大学博士论文，2009 年。

根据上面公式，分别将一级指标相对于总指标 A 的权重向量 $W_{A\to j}$ 和二级指标 B_{ij} 相对于其隶属指标 A 的权重向量代入上述公式，可计算出层次总排序，即二级指标 B_{ij} 相对于总指标 A 的权重向量。综合评估指标权重即为所求。[①] 计算结果如下：

表 3—30　　　　　雪上项目运动员隐性知识测评指标总排序

隐性知识维度层		B_1	B_2	B_3	B_4	各相对于总目标的权重
		0.5628	0.0925	0.0510	0.2938	
隐性知识要素层	B_{11}	0.4898				0.2757
	B_{12}	0.0357				0.0201
	B_{13}	0.1372				0.0772
	B_{14}	0.2656				0.1495
	B_{15}	0.0716				0.0403
	B_{21}		0.4865			0.0450
	B_{22}		0.4865			0.0450
	B_{23}		0.0655			0.0061
	B_{24}		0.0334			0.0031
	B_{25}		0.2710			0.0251
	B_{31}			0.4816		0.0246
	B_{32}			0.1338		0.0068
	B_{33}			0.2889		0.0114
	B_{34}			0.0591		0.0030
	B_{35}			0.0366		0.0019
	B_{41}				0.4857	0.1427
	B_{42}				0.0376	0.0011
	B_{43}				0.0722	0.0212
	B_{44}				0.1180	0.0346
	B_{45}				0.2865	0.0842

① 李军岩：《企业战略柔性系统构建研究》，辽宁大学博士论文，2009 年。

一致性指标为：

$$CR = \sum_{i=1}^{n} a_i CI_i / \sum_{i=1}^{n} a_i RI_i =$$

$$\frac{0.8745 \times 0.0523 + 0.1437 \times 0.0375 + 0.0792 \times 0.0330 + 0.4565 \times 0.0408}{0.8745 \times 1.12 + 0.1437 \times 1.12 + 0.0792 \times 1.12 + 0.4564 \times 1.12}$$

$$CR = 0.097 < 0.10$$

其中 CI_i 为 B_{ij} 对 B_i 单排序的一致性指标，RI_i 为相应的平均随机一致性指标。总排序的结果具有满意的一致性。

以上各指标特征向量就是我国雪上项目运动员隐性知识测评指标的权重，这为有效地对我国雪上项目运动员隐性知识进行管理和测评提供了有效的前提条件。

（三）隐性知识的模糊综合测评的实施

模糊综合评价通常按以下的步骤进行：

（1）确定测评指标集合

设 U 为因素集合，测评主因素指标集合为 $U = \{U_i\}$，$i = 1，2，3，\cdots，m$。测评子因素指标集合为 $U = \{X_{ij}\}$，$i = 1，2，3，\cdots，m，j = 1，2，3，\cdots，n$。

（2）确定测评等级集合

测评集合的所有测评指标都处于定量和定性之间，即指标的重要性具有模糊性。因此，先按照重要性由小到大给出某个指标重要性的区间集 V，设 $V = (v_1，v_2，\cdots，v_l)$。[①]

（3）确定隶属度矩阵

设测评指标因素集 $x^T = \{x_1，x_2，\cdots，x_m\}$，测评等级标准 $v = \{v_1，v_2，\cdots，v_n\}$，设 v 和 v_{i+1} 为相邻两级标准，且 $v_{i+1} > v_i$，则 v_i 级隶属度函数为：

$$r_1 \begin{cases} 1 & x_i \leqslant v_1 \\ \dfrac{v_2 - x_i}{v_2 - v_1} & v_1 < x_i < v_2 \\ 0 & x_i \geqslant v_2 \end{cases}$$

———————

① 李作学：《个体隐性知识的结构分析与管理研究》，大连理工大学博士论文，2006 年。

$$r_1 \begin{cases} 1-r_1 & v_1 < x_i \leqslant v_2 \\ \dfrac{v_3 - x_i}{v_3 - v_2} & v_2 < x_i < v_3 \\ 0 & x_i < v_1, \ x_i \geqslant v_3 \end{cases}$$

$$r_j \begin{cases} 1-r_{j-1} & v_{j-1} < x_i \leqslant v_j \\ \dfrac{v_{j+1} - x_i}{v_{j+1} - v_j} & v_j < x_i < v_{j+1} \\ 0 & x_i < v_{j-1}, \ x_i \geqslant v_{j+1} \end{cases} \qquad (公式3—2)$$

根据公式3—2可计算测评指标 i 隶属于测评等级 j 的隶属度 r_{ij}，并最终生成隶属函数矩阵 R。

$$R = \begin{pmatrix} W_{i11} W_{i12} \cdots W_{i1m} \\ W_{i21} W_{i22} \cdots W_{i2m} \\ \wedge \quad \wedge \quad \wedge \\ W_{in1} W_{in2} \cdots W_{inm} \end{pmatrix} \qquad (公式3—3)$$

其中：i（$i=1$，2，$\cdots$，n）为一级指标数目，m（i）为一级指标所属的二级指标数目。

（4）进行多级模糊综合评判

根据模糊矩阵复合运算，B_i 即为对相应因素的单因素模糊测评。[1] 公式3—4：

$$B_i = w_{ij} * R_{ij} \ (w_{i1}, \ w_i2, \ \cdots, \ w_{ij}) \ * \begin{pmatrix} w_{i11} w_{i12} \cdots w_{i1m} \\ w_{i21} w_{i22} \cdots w_{i2m} \\ \wedge \quad \wedge \quad \wedge \\ w_{in1} w_{in2} \cdots w_{inm} \end{pmatrix} = (b_{i1}, \ b_{i2}, \ \cdots,$$

b_{im}) $\qquad$ (公式3—4)

式中：$i=1$，2，$\cdots$，n；B_i 为 B 层第 i 个指标所包含的各下级因素相对于它的综合模糊运算结果，w_i 为 B 层第 i 个指标下级各因素相对于它

---

[1] 曹连众、李军岩：《基于 AHP 方法的竞技体育人才隐性知识测评研究》，《沈阳体育学院学报》2011 年第 4 期，第 11—14 页。

的权重；R 为模糊矩阵。

根据此测评方法，则可以得到目标层的综合测评结果。[①]

即 $B = w_i * R_i = (w_1, w_2, \cdots, w_n) * (B_1, B_2, \cdots, B_n)^T$

（公式 3—5）

对 B 作归一化处理后，得到一向量，该向量表明被测评者对测评等级的隶属程度。若赋予测评的等级的量化值，该分值越高，说明运动员的隐性知识在所有指标上的综合测评越好，该雪上项目运动员的隐性知识越丰富。反之，分值越低，运动员的隐性知识水平越低。

四　中国雪上项目运动员隐性知识测评的应用

本书以我国自由式滑雪空中技巧国家队队员、都灵冬奥会冠军韩晓鹏为例，对雪上项目运动员隐性知识的测评过程进行具体的分析。

我们采用加权平均型的模糊合成算子，以避免信息大量丢失，计算公式为：

$$b_i = \sum_{i=1}^{p} a_i * r_{ij} = \min\left(1, \sum_{i=1}^{p} a_i * r_{ij}\right), \quad j = 1, 2, \cdots$$

（公式 3—6）

（一）确定测评指标集合

结合上述层次分析法所建立的测评指标体系，本书以 B_i 为因素集合，分别为元认知维度、个人特质维度、人际技能维度和专业技能维度。测评主因素指标集合为 $B = \{B_i\}$，$i = 1, 2, 3, 4, 5$。测评子因素指标集合为 $B_i = \{B_{ij}\}$，$i = 1, 2, 3, 4, 5$，$j = 1, 2, 3, 4, 5$。

（二）确定测评等级集合

我们采用 5 级语义学标度，所涉及的定量测评标准为：

即 $V = \{V_1, V_2, V_3, V_4, V_5\} = \{$较高，高，中等，低，较低$\}$

同时，本节采用线性插值法来确定隶属度，以求得各项指标在 [0, 1] 区间上的隶属度，最终建立了测评指标的评语等级集合，如表 3—31 所示。

---

① 李作学：《个体隐性知识的结构分析与管理研究》，大连理工大学博士论文，2006 年。

表3—31   测评指标评语等级集合

测评值	评语	定级
X > 0.8	高	E1
0.6 < X ≤ 0.8	较高	E2
0.4 < X ≤ 0.6	中等	E3
0.2 < X ≤ 0.4	较低	E4
X ≤ 0.2	低	E5

（三）确定隶属矩阵

根据前文的论述，把需要分析的单个数据代入得到隶属度，从而为以后的分析得到这个关键的参数，如表3—32所示。

表3—32   我国雪上项目运动员隐性知识的隶属度

目标层	准则层	准则层权重	指标层	指标层权重	隶属度
我国雪上项目运动员隐性知识评价指标	元认知维度 B_1	w_1	专业知识的深度及广度 B_{11}	w_{11}	R_{11}
			比赛中即兴发挥的能力 B_{12}	w_{12}	R_{11}
			学习完成技术动作的自省力 B_{13}	w_{13}	R_{13}
			学习完成技术动作的领悟力 B_{14}	w_{14}	R_{14}
			面对复杂比赛局面的应变力 B_{15}	w_{15}	R_{15}
	个人特质维度 B_2	w_2	参赛动机 B_{21}	w_{14}	R_{14}
			比赛中的情绪自我控制力 B_{22}	w_{22}	R_{22}
			面对压力的自我调节能力 B_{23}	w_{23}	R_{23}
			训练比赛的自觉积极性 B_{24}	w_{24}	R_{24}
			意志力 B_{25}	w_{25}	R_{25}
	人际技能维度 B_3	w_3	沟通诀窍 B_{31}	w_{31}	R_{31}
			解决冲突的能力 B_{32}	w_{32}	R_{32}
			与教练及队友的合作协调能力 B_{33}	w_{33}	R_{33}
			运动项目组织内的影响力 B_{34}	w_{34}	R_{34}
			理解他人并接受管理 B_{35}	w_{35}	R_{35}

目标层	准则层	准则层权重	指标层	指标层权重	隶属度
我国雪上项目运动员隐性知识评价指标	专业技能维度 B_4	w_4	完成技术动作的方法及策略 B_{41}	w_{41}	R_{41}
			完成技术动作的表现力 B_{42}	w_{42}	R_{42}
			完成技术动作的熟练程度 B_{43}	w_{43}	R_{43}
			言说专业隐性知识的能力 B_{44}	w_{44}	R_{44}
			比赛经验与阅历 B_{45}	w_{45}	R_{45}

一般来说，隶属度的确定因指标的不同而采用不同的方法。

（1）定性指标隶属度的确定

采用专家打分法获得定性指标评语集，在这个环节上应注意两点：

①科学确定专家人选。

这是对我国雪上项目运动员隐性知识进行客观、准确测评的关键环节。在征求部分知识管理专家、资深雪上项目教练员、运动训练专家意见的基础上，对专家的涵盖范围及标准进行了确定。借鉴企业考核员工业绩时常用到的360度考绩法的有关内容，结合竞技体育运动实践活动的特点，把专家的涵盖范围确定为以下六个层面：雪上运动员自身及其教练员、队友、从事此雪上项目研究的科研人员、裁判员及雪上项目运动队的管理者。在专家选取的标准上，要满足两点要求：一是要具有大专以上学历；二是要与被评者在同一运动队共事3年以上（裁判员为执法过被评者参加的比赛两场以上）。在此基础上，对于被评者的队友作为专家的选取上还要符合以下两点：一是参加过全冬会或国内单项锦标赛以上级别等国内外大赛；二是至少要有5年以上的训练及比赛经历，这样才能保证专家评分的客观和准确。

②在专家评分前，要对被评者客观性的背景资料进行整理，并提供给专家，以保证专家对被评者更加深入地了解。背景资料一般包括年龄、学历、专业、运动经历、运动成绩等方面。

根据以上两点，首先确定了专家人选20人，分别为我国2006年冬奥会自由式滑雪空中技巧冠军韩晓鹏及其3名教练员、裁判员2人、队友

10 人、科研人员 2 人、运动队管理者 2 人，邀请专家根据定性指标测评等级标准，对韩晓鹏的相关情况进行打分，采用百分制统计法统计专家意见，最终得到定性指标的评语集。

（2）定量指标隶属度的确定

由隶属度函数计算定量指标评语集。以 "B_{11} 专业知识的深度及广度"评语集的确定为例，说明定量指标隶属度的确立过程。[1] 将专家对"专业知识的深度及广度"各要素的重要性比较及对韩晓鹏个人测评的打分值汇总得到表 3—33。

表 3—33　　　　　韩晓鹏专业知识的深度及广度的平均标准

评语等级 指标层	等级					
	低	较低	中等	较高	高	实例
专业知识的深度及广度	0.2	0.4	0.6	0.8	1	0.7

可知，$x_1 = 0.7$，$v_2 = 0.2$，$v_3 = 0.4$，$v_4 = 0.6$，$v_5 = 0.8$，$v_6 = 1.0$，按照公式计算可得，

因 $x_1 > v_2$，故 $r_1 = 0$

因 $x_1 > v_3$，故 $r_2 = 0$

因 $x_1 > v_4$，故 $r_3 = 0$

因 $V_4 < x_1 < v_5$，故 $r_4 = \dfrac{v_5 - x_1}{v_5 - v_4} = \dfrac{0.8 - 0.7}{0.8 - 0.6} = 0.5$

$r_5 = 1 - r_4 = 0.5$

因此，得到 B_{11} 的评语集为 $[0\ 0\ 0\ 0\ 0.5\ 0.5]$，表示韩晓鹏的专业知识的深度及广度有 50% 的人认为可能处于较高水平，另有 50% 的人认为可能处于高水平上。按照这一步骤分别计算其他指标的隶属度，最终将隶属度汇总得到模糊综合测评矩阵，如表 3—34 所示。[2]

---

① 张丽娜：《模糊综合评价法在生态工业区评价中的应用》，大连理工大学硕士论文，2006年。

② 同上。

表3—34　　　　　　　　韩晓鹏隐性知识的模糊综合测评矩阵

准则层	指标层	模糊综合评价矩阵				
		低	较低	中等	较高	高
元认知维度 B_1	专业知识的深度及广度 B_{11}	0	0	0	0.5	0.5
	比赛中即兴发挥的能力 B_{12}	0	0.05	0.05	0.15	0.8
	学习完成技术动作的自省力 B_{13}	0	0.1	0.1	0.05	0.75
	学习完成技术动作的领悟力 B_{14}	0	0.05	0.05	0.1	0.8
	面对复杂比赛局面的应变力 B_{15}	0	0.05	0.1	0.15	0.7
个性特质维度 B_2	参赛动机 B_{21}	0	0.05	0.1	0.05	0.8
	比赛中的情绪自我控制力 B_{22}	0	0.05	0.05	0.1	0.8
	面对压力的自我调节能力 B_{23}	0	0.05	0.05	0.05	0.85
	训练比赛的自觉积极性 B_{24}	0	0	0.05	0.1	0.85
	意志力 B_{25}	0	0.05	0.1	0.15	0.75
人际技能维度 B_3	沟通诀窍 B_{31}	0	0.05	0.05	0.1	0.8
	解决冲突的能力 B_{32}	0	0.05	0.05	0.1	0.8
	与教练及队友的合作协调能力 B_{33}	0	0.05	0.05	0.05	0.85
	运动项目组织内的影响力 B_{34}	0.1	0.05	0	0.05	0.8
	理解他人并接受管理 B_{35}	0	0.05	0.05	0.05	0.85
专业技能维度 B_4	完成技术动作的方法及策略 B_{41}	0	0	0	0.15	0.85
	完成技术动作的表现力 B_{42}	0	0	0.05	0.15	0.8
	完成技术动作的熟练程度 B_{43}	0	0.05	0.05	0.1	0.8
	言说专业隐性知识的能力 B_{44}	0.05	0	0.05	0.1	0.8
	比赛经验与阅历 B_{45}	0	0	0.1	0.05	0.85

（四）模糊测评

首先对子因素层分块进行第一级模糊综合评判。以元认知维度 B_1 为例，由层次分析法可以得到 B_1 层下各指标层的权重分别为0.4898，0.0357，0.1372，0.2656，0.0716，由此可知 w_1 ＝（0.4898　0.0357　0.1372　0.2656　0.0716），查阅表3—35可知由指标 $B_{11}B_{12}B_{13}B_{14}B_{15}$ 评语集组成的模糊矩阵 ＝ R_1 为：

$$R_1 = \begin{bmatrix} 0 & 0 & 0 & 0.5 & 0.5 \\ 0 & 0.05 & 0.05 & 0.15 & 0.8 \\ 0 & 0.1 & 0.1 & 0.05 & 0.75 \\ 0 & 0.05 & 0.05 & 0.1 & 0.8 \\ 0 & 0.05 & 0.1 & 0.15 & 0.7 \end{bmatrix}$$

根据公式3—3，同时运行 Matlba 程序，输入上述两个矩阵，进行矩阵相乘运算后得到：

$$B_i W_{tj} * R_{ij} = (w_{i1}, w_{i2}, \cdots, w_{i1}) * \begin{pmatrix} w_{i11} & w_{i12} \cdots w_{i1m} \\ w_{i21} & w_{i22} \cdots w_{i2m} \\ \cdots & \cdots & \cdots \\ w_{in1} & w_{in2} \cdots w_{inm} \end{pmatrix}$$

$$= (0.4898\ 0.0357\ 0.1372\ 0.2656\ 0.0716) * \begin{bmatrix} 0 & 0 & 0 & 0.5 & 0.5 \\ 0 & 0.05 & 0.05 & 0.15 & 0.8 \\ 0 & 0.1 & 0.1 & 0.05 & 0.75 \\ 0 & 0.05 & 0.05 & 0.1 & 0.8 \\ 0 & 0.05 & 0.1 & 0.15 & 0.7 \end{bmatrix}$$

$$= (0\ 0.0324\ 0.0359\ 0.2944\ 0.6390)$$

依据前文表述，可以得到目标层的综合测评结果，如表3—35所示。

表3—35　　　　　　　韩晓鹏隐性知识模糊综合测评运算表

w	R	B
$w_1 = (0.4898\ 0.0357\ 0.1372\ 0.2656\ 0.0716)$	$R_1 = \begin{bmatrix} 0 & 0 & 0 & 0.5 & 0.5 \\ 0 & 0.05 & 0.05 & 0.15 & 0.8 \\ 0 & 0.1 & 0.1 & 0.05 & 0.75 \\ 0 & 0.05 & 0.05 & 0.1 & 0.8 \\ 0 & 0.05 & 0.1 & 0.15 & 0.7 \end{bmatrix}$	$B_1 = (0\ 0.0324\ 0.0359\ 0.2944\ 0.6390)$

续表

w	R	B
$w_2 =$ （0.4865　0.1436 0.0655 0.0334 0.2710）	$R_2 = \begin{bmatrix} 0 & 0.1 & 0.2 & 0.5 & 0.2 \\ 0 & 0.05 & 0.1 & 0.05 & 0.8 \\ 0 & 0.05 & 0.05 & 0.05 & 0.8 \\ 0 & 0 & 0.05 & 0.1 & 0.85 \\ 0 & 0 & 0.1 & 0.15 & 0.75 \end{bmatrix}$	$B_2 =$ （0　0.0483　0.0879 0.0788　0.7914）
$w_3 =$ （0.4816　0.1338 0.2889 0.0591 0.0366）	$R_3 = \begin{bmatrix} 0 & 0.05 & 0.05 & 0.1 & 0.8 \\ 0 & 0.05 & 0.05 & 0.15 & 0.8 \\ 0 & 0 & 0.1 & 0.05 & 0.85 \\ 0.1 & 0.05 & 0 & 0.05 & 0.8 \\ 0 & 0.05 & 0.05 & 0.05 & 0.85 \end{bmatrix}$	$B_3 =$ （0.0059　0.0356 0.0615 0.0875 0.8163）
$w_4 =$ （0.4857　0.0376 0.0722 0.1180 0.2865）	$R_4 = \begin{bmatrix} 0 & 0 & 0 & 0.15 & 0.85 \\ 0 & 0 & 0.05 & 0.15 & 0.8 \\ 0 & 0.05 & 0.05 & 0.1 & 0.8 \\ 0.05 & 0 & 0.05 & 0.1 & 0.8 \\ 0 & 0 & 0.1 & 0.05 & 0.85 \end{bmatrix}$	$B_4 =$ （0.0059　0.0036 0.0400 0.1118 0.8386）

由此可以计算出各个指标的一级评判结果，见表3—36。

表3—36　　　　　　　　　　第一级测评结果

B 层因素集	测评结果				
	低	较低	中等	较高	高
B_1 元认知维度	0	0.0324	0.0359	0.2944	0.6390
B_2 个人特质维度	0	0.0483	0.0879	0.0788	0.7914
B_3 人际技能维度	0.0059	0.0356	0.0615	0.0875	0.8163
B_4 专业技能维度	0.0059	0.0036	0.0400	0.1118	0.8386

根据上文可推，在二级综合测评上运用公式3—4可知：

$$B = w_i * R_i = （w_1, w_2, \cdots, w_n） * （B_1, B_2, \cdots, B_n）^T$$

其中，B 为 A（目标层）包含的各下级因素相对于 A（目标层）的综合模糊运算结果。w 为 A 层下级各因素（B_1、B_2、B_3、B_4）相对于 A 层的权重，[1] 可知

$w = $（0. 5631　0. 0921　0. 0509　0. 2940）

R 为模糊测评矩阵，表示目标层 A 下级各因素相对于综合评判结果的关系，即由一级综合测评结果可知：

$$R = \begin{bmatrix} 0 & 0.324 & 0.0359 & 0.2944 & 0.6390 \\ 0 & 0.0483 & 0.0879 & 0.0788 & 0.7914 \\ 0.0059 & 0.0356 & 0.0615 & 0.0875 & 0.8163 \\ 0.0059 & 0.0036 & 0.0400 & 0.1118 & 0.8386 \end{bmatrix}$$

经矩阵相乘运算后，得到如下结果，二级评判结果为

$B = W * R = $0. 0020　0. 0256　0. 0432　0. 2103　0. 7208

表 3—37　　　　　　　　　　　第二级测评结果

韩晓鹏	评价结果				
	低	较低	中等	较高	高
个体隐性知识水平	0.0020	0.0256	0.0432	0.2103	0.7208

对 B 归一化处理，记作 B，得：$B = $（0. 0020，0. 0256，0. 0431，0. 2099，0. 7194）

该向量表明被评价人员韩晓鹏对评价集的隶属程度，即有 0. 20% 的人认为韩晓鹏的隐性知识属于低水平，有 2. 48% 的人认为韩晓鹏的隐性知识属于较低水平，有 4. 32% 的人认为韩晓鹏的隐性知识属于中等水平，有 21. 00% 的人认为韩晓鹏的隐性知识属于较高水平，有 72. 00% 的人认为韩晓鹏的隐性知识属于高水平。[2]

若赋评价集各等级的量化值为 $V^T = $（20，40，60，80，100），对上

[1]　张丽娜：《模糊综合评价法在生态工业区评价中的应用》，大连理工大学硕士论文，2006 年。

[2]　李作学等：《员工隐性知识的识别及模糊综合评判》，《科技管理研究》2006 年第 12 期，第 25—29 页。

面的向量进行加权平均，记作 $V_韩$，得：$V_韩 = B_i V^T = B_i = $（20，40，60，80，100）$=92.55$。[①]

由此可见，韩晓鹏的隐性知识得分为 92.55，处于相对高的水平。

---

① 李作学等：《员工隐性知识的识别及模糊综合评判》，《科技管理研究》2006 年第 12 期，第 25—29 页。

第四章

中国雪上项目运动员隐性知识
对其比赛能力的影响

通过前文研究，我们明确了隐性知识管理视域下中国雪上项目优秀运动员培养的相关基本理论，那么，这些理论又是如何在竞技体育实践中发挥作用？

比赛能力作为运动员的一种综合能力，其实力强弱直接决定了比赛成绩的好与坏，更全面代表了人才培养质量的高低，是雪上项目运动员取得优异运动成绩的决定性因素，更是人才培养质量高低的集中体现，谁具有强势的比赛能力，谁就将在技术日新月异、赛场环境千变万化的竞争中立于不败之地。研究我国雪上项目优秀运动员隐性知识对比赛能力的影响，其结果也必将充分印证隐性知识相关理论对于人才培养质量的影响程度。

然而，比赛能力并不直接对应于雪上项目运动员隐性知识的结构和内容，必须加上一系列外在环境条件才能影响比赛能力。但比赛能力是运动员隐性知识结构、内容及其认知和实践功能在竞技体育实践中的最终体现，而且比赛能力又是衡量运动员隐性知识在竞技体育实践领域社会功能的基本指标。由于竞技体育活动的特殊性，决定了运动员隐性知识与比赛能力的本质联系，本章正是在这个意义上来探讨其隐性知识的功能体现。

第一节　中国雪上项目运动员
比赛能力的定义

比赛能力作为运动员的一种综合能力，其实力的强弱直接决定了比赛成绩的好与坏。"如何提升运动员的比赛能力"，因其巨大的理论及实践意义，成为运动训练研究领域关注的重点。从文献资料上看，有关运动员比赛能力的论述主要集中在两个方面，其一是将竞技能力与比赛能力明确地区分开来，刘建和在《简论运动员的比赛能力》一文中认为，运动员的比赛能力是一种综合能力，至少由三个方面的能力组合而成，即认识性能力、基础性能力、适应与调整性能力。此外，对抗类项群运动员还具有创造性能力。其中认识性能力主要体现在运动员深入把握比赛规律的能力，基础性能力主要体现在雪上项目运动员已经具备的竞技能力，适应与调整能力主要体现在运动员稳定发挥的保障性能力，创造性能力主要体现在运动员即兴发挥的能力。其二是依据运动员竞技能力内涵的表述，对比赛能力加以阐释，莫永成在《提高运动员比赛能力结构的初步研究》一文中认为，运动员的比赛能力主要包括五个方面，即体能、运动员技能、比赛战术、比赛心理、智能。

本课题组赞同刘建和的观点，认为雪上项目运动员的比赛能力是一种综合能力，区别于运动员的竞技能力，其水平的高低是其能否取得优异成绩的决定性因素。我国雪上项目运动员的比赛能力既包含了竞技能力结构内容的全部，也涵盖了在比赛现场将运动员竞技状态达到极致的全部要素，是运动员竞技能力的最高水平在其最好竞技状态下的最大限度的调动和释放。它是有形的，体现在以技术、战术为基础；它又是无形的，是以一种精神境界和心理能量参加比赛。比赛能力处于动态发展变化之中，会因赛事的不同而发生改变，从而体现一种即时性。有了高水平的比赛能力，我国雪上项目运动员必然要取得优异成绩。当然，雪上项目运动员要取得优异成绩，一定要具备较强的比赛能力，比赛能力成为我国雪上项目运动员取得优异成绩的充要条件。[①]

第二节　中国雪上项目运动员比赛
能力评价指标的确定

通过对中国雪上项目的教练员和裁判员进行团体焦点访谈，初步确定了雪上项目运动员比赛能力的评价指标，利用 AHP 标准化权向量方法进行了指标筛选。

（1）团体焦点访谈法过程

①确定访谈的目的

通过进行团体焦点访谈，旨在了解应该采用哪些指标对雪上项目运动员的比赛能力进行评价。

②确定访谈的对象

访谈对象包括雪上项目的教练员和裁判员两个方面，选取的依据主要有以下两点：第一，教练员长期工作在训练及比赛的第一线，加之其角色的特殊性，使得对于运动员比赛能力内涵的理解比任何人都深刻；第二，对运动员的比赛能力进行评判是裁判员工作的核心，对运动员比赛能力的深刻了解和全面把握是做好裁判工作的前提和基础。因此，需要把裁判员作为访谈对象的另外一部分。为了保证访谈的客观、准确，我们将选取标准确定为两条：一是执教和执法经历，教练员要求执教 7 年以上，而且指导运动员参加过世界三大赛，裁判员要求执法过全运会以上级别比赛，具备国际级裁判员资格；二是要有较强的语言表达能力，保证能将所知进行准确表述。

③确定参加团体焦点访谈的人数、时间、内容

根据访谈对象的选取标准，分别选取 10 名中国雪上项目的教练员和裁判员作为团队焦点访谈的对象，在项目分布上，高山滑雪、自由式滑

---

① 曹连众、王前：《竞技体育人才隐性知识与比赛能力关系研究》，《山西大学学报》（哲学社会科学版）2010 年第 33 卷第 5 期，第 129—133 页。

雪、单板滑雪各选取 3 名，冬季两项、越野滑雪、北欧两项、跳台滑雪各选 1 名。访谈时间均为 90 分钟，访谈的主要内容有两个：一是"你认为应该采用哪些指标对雪上项目运动员比赛能力进行评价"，二是"在这些指标中你认为哪些指标比较重要"。

通过对我国雪上项目优秀运动员的教练员和裁判员的主题交谈，获得两组交谈信息，经合并整理确定雪上项目比赛能力评价指标（如表4—1所示）。

表4—1　　　　　　　　雪上项目运动员比赛能力评价指标

雪上项目运动员比赛能力评价指标		指标内涵解释
教练员角度反映出的比赛能力评价指标	比赛节奏	在比赛中能够较好地控制比赛节奏
	捕捉战机	抓住比赛中某种偶然性因素使之有利于自身比赛能力提升
	思想作风	具有良好思想道德素质
	调整竞技状态	主动、适时地调整好竞技状态以抓住战机，出奇制胜
	团队合作	有较强的团队意识和合作精神
	应对复杂局面	很好地处理比赛中出现的各种复杂局面
	技战术运用能力	具有良好的技战术素养和运用能力
裁判员角度反映出的比赛能力评价指标	智能与心理能力	从事某项竞技项目并取得优异成绩需要的智能和心理能力
	体能	具备从事某项竞技项目并取得优异成绩需要的体能
	适应比赛环境	能快速、主动地适应比赛环境
	创造性	在千变万化的赛场上具有较强的即兴发挥的能力
	运用比赛规则能力	能够"吃透"比赛规则并有效合理利用
	认识比赛规律	对比赛规律有较为全面、深刻的理解和把握

（2）基于 AHP 标准化权向量的比赛能力评价指标筛选

对于雪上项目运动员比赛能力而言，各个因素的重要程度是不同的，因此需要从上述因素中筛选出较为关键的指标。本书采用 AHP 标准化权向量方法对比赛能力评价指标进行筛选。先选取有关指标进行专家打分，然后应用上面提出来的方法建立线性规划模型，并在 LINGO 软件中编程进行运算分析。①

表4—2 雪上项目运动员比赛能力指标权重及区间估计（裁判员角度）

	认识比赛规律	适应比赛环境	运用比赛规则能力	智能心理能力	体能	创造性	
下限	0.1136	0.1432	0.0537	0.1322	0.1398	0.2116	
上限	0.1921	0.2321	0.0789	0.1712	0.2129	0.2542	
Δ_{max}	0.0785	0.0889	0.0252	0.0390	0.0731	0.0426	C. R = 0.043
权重	0.1722	0.2134	0.0951	0.1581	0.1311	0.2301	
权重上限是否大于Δ_{max}	是	是	否	是	是	是	

从表4—2中可以看出，"运用比赛规则能力"这一指标的权重上限小于Δ_{max}，表明专家认为该指标的重要程度较低应该剔除，同理对雪上项目运动员的教练员角度反映出的绩效指标进行筛选。筛选的总结果如表4—3所示。

表4—3 筛选的总结果

比赛能力指标	权重上限是否大于Δ_{max}	筛选结果
比赛节奏	是	保留
捕捉战机	是	保留
认识比赛规律	是	保留
团队合作	否	删除
体能	是	保留
智能与心理能力	是	保留
运用比赛规则的能力	否	删除
应对复杂局面	是	保留
调整竞技状态	是	保留

---

① 曹连众、王前：《竞技体育人才隐性知识与比赛能力关系研究》，《山西大学学报》（哲学社会科学版）2010年第33卷第5期，第129—133页。

比赛能力指标	权重上限是否大于 Δ_{max}	筛选结果
思想作风	否	删除
创造性	是	保留
技战术运用能力	是	保留
适应比赛环境	是	保留

第三节　中国雪上项目运动员比赛能力模型的构建与分析

为了分析雪上项目运动员隐性知识与比赛能力的关系，根据团体焦点访谈的结果设计了雪上项目的运动员比赛能力调查问卷，在调查问卷的基础上对雪上项目运动员隐性知识与比赛能力的关系进行了分析。

（1）问卷基本信息

①问卷发放与回收情况

雪上项目运动员隐性知识内容要素问卷与比赛能力问卷同时发放，共发放问卷 267 份，收回问卷 265 份，有效问卷 261 份，问卷回收率和有效问卷率分别达到 99.25% 和 97.75%。

②问卷的描述性统计

对雪上项目运动员比赛能力问卷的结果进行描述性统计，结果如表 4—4 所示，大部分项目的均值集中在 3 左右，其标准差均小于 1；偏度和峰度统计显示样本在 0.05 置信区间内通过正态检验。

表 4—4　　　雪上项目运动员比赛能力指标描述性统计分析

评价项目	样本数	均值	标准差	偏度	峰度
控制比赛节奏	261	3.2597	0.6568	−0.0667	0.1735
应对复杂局面	261	3.1250	0.6563	−0.1595	0.2793
调整竞技状态	261	3.2707	0.7835	−0.1175	0.1688
技战术运用能力	261	3.2232	0.6584	0.0827	0.0182
体能	261	3.3902	0.3663	−0.0311	0.1396

续表

评价项目	样本数	均值	标准差	偏度	峰度
智能与心理能力	261	3.2215	0.3975	-0.0691	0.2826
创造性	261	3.0732	0.5704	0.0071	0.0277
适应比赛环境	261	3.4226	0.7662	-0.1851	0.2943
认识比赛规律	261	3.5204	0.7868	0.1516	0.1147
捕捉战机	261	3.3104	0.6635	0.1203	0.1134

③问卷信度与效度

问卷信度与效度的检验方法在前文中已经阐述清楚，利用 SPSS13.0 对问卷的信度进行分析，计算结果显示调查问卷整体的 Cronbach's α 值高达 0.8425，问卷有信度较高（见表4—5）。

表4—5　　　　　　雪上项目运动员比赛能力调查问卷信度分析

项目	删除这一项后 Cronbach's α	整体 Cronbach's α
控制比赛节奏	0.7748	
应对复杂比赛局面	0.7859	
调整竞技状态	0.7161	
技战术运用能力	0.7219	
体能	0.8261	0.8425
智能与心理能力	0.8041	
创造性	0.8397	
适应比赛环境	0.7372	
认识比赛规律	0.8034	
捕捉战机	0.7803	

（2）雪上项目运动员比赛能力评价指标的探索性因素分析

为了对雪上项目运动员比赛能力进行探索性因素分析和验证性因素分析，我们将得到的261份有效问卷分为两部分，其中随机选取150份作为样本进行探索性因素分析，利用剩余的111份问卷进行验证性因素分析。

经 Bartlett 球形检验给出的相伴概率为0.000，小于显著性水平0.05，

因此拒绝 Bartlett 球形检验的零假设，认为适合因素分析；KMO 值为
0.821，根据统计学家 Kaiser 给出的标准，表示可进行因素分析。

利用 SPSS13.0 软件进行探索性因素分析，舍去载荷低于 0.4 的值后，
各因子的载荷如表 4—6 所示。

表 4—6　　　正交旋转之后的雪上项目运动员比赛能力因素载荷矩阵

比赛能力指标	Component		
	1	2	3
控制比赛节奏	0.8859		
捕捉战机	0.6161		
认识比赛规律	0.5219		
智能与心理能力		0.8631	
体能		0.7415	
技战术运用能力		0.6057	
适应比赛环境			0.8393
应对复杂比赛局面			0.7291
调整竞技状态			0.6324
创造性			0.5837
方差解释比例	35.66%	27.53%	17.27%
总方差解释比例	80.46%		

本章经过探索性因素分析，总共抽取了 3 个因素，3 个因素共解释了
总方差的 80.46%，观测变量对因素的载荷符合要求。这 3 个因素体现了
我国雪上项目比赛能力的 3 个不同的层面。

因素 1 中包含了 3 个项目，即控制比赛节奏、认识比赛规律、捕捉战
机，这些比赛能力指标主要体现出雪上项目运动员能否深入、全面把握
比赛规律，进而取得优异成绩，体现在雪上项目运动员认识层面上，因
此因素 1 被命名为"认知能力"。

因素 2 中包含了 3 个项目，即智能与心理能力、体能、技战术运用能
力，这几个指标是雪上项目运动员已经具备的竞技能力，现代雪上项目
的体育竞赛是参赛选手综合实力整体效应的较量，是雪上项目运动员通

过体能、智能、心理能力、技战术运用能力的协同组合来制约对手，以确立自己在比赛中的优势。雪上项目运动员的竞技能力是构成比赛能力的核心，因此因素2被命名为"基础能力"。

因素3中包含了4个项目，即适应比赛环境、应对复杂比赛局面、调整竞技状态、创造性。雪上项目运动员稳定发挥出平时训练已具备的竞技能力水平是教练员、运动员对比赛的基本要求。为达此要求，要求我国雪上项目运动员必须具备以上4个能力要素，因此将因素3命名为"临场发挥能力"。

基于以上探索性因素分析结果构建了我国雪上项目运动员比赛能力模型（如图4—1所示），该模型分为三个维度：第一维度是认知能力，反映的是雪上项目运动员深入、全面把握比赛规律情况；第二维度是基础能力，反映的是雪上项目运动员已经具备的竞技能力情况，它是我国雪上项目运动员比赛能力的核心部分；第三维度是临场发挥能力，反映的是雪上项目运动员要稳定发挥出平时训练已具备的竞技能力水平必须具备的能力条件情况。我国雪上项目运动员的训练及比赛等运动实践活动是以运动队为组织载体进行的，因此，雪上项目运动员所在运动队的组织文化环境必然要在客观上制约和影响比赛能力的提升。

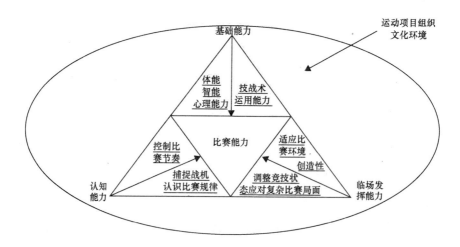

图4—1　雪上项目运动员比赛能力模型

（3）比赛能力验证性因素分析

上文通过探索性因素分析结果构建了我国雪上项目运动员比赛能力模型，下面利用结构方程模型对该模型进行验证性因素分析，过程如下：

①模型的构建

上文构建的雪上项目运动员比赛能力模型即是本部分进行验证研究的对象。

②数据的收集

利用我国雪上项目运动员比赛能力问卷的数据对该比赛能力模型进行验证性因素分析，在获得的261份问卷中随机选取150份问卷为探索性因素分析的样本，进行探索性因素分析，将剩余的111份问卷作为样本进行验证性分析。

③模型估计

本书采用LISREL8.70软件对我国雪上项目运动员比赛能力模型进行验证性因素分析，估计方法采用最大似然法，验证模型的参数估计值如图4—2所示。

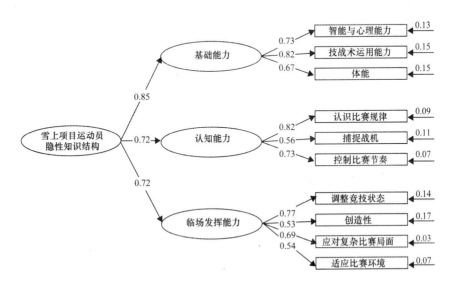

图4—2 我国雪上项目运动员比赛能力模型验证性因素分析

④模型评估

本书通过 LISREL8.70 程序对我国雪上项目运动员比赛能力模型的拟合度进行了检验，检验结果如表4—7所示，检验结果表明各个拟合检验指标均在允许的范围内，说明该模型的拟合程度比较理想。

表4—7　　　　　我国雪上项目运动员比赛能力模型拟合度检验

模型拟合评价指标	实测值
p 值	0.0721
χ^2/df	1.4312
RMR	0.1576
SRMR	0.0721
GFI	0.8872
AGFI	0.8934
NFI	0.9134
NNFI	0.8621
CFI	0.9241
RMSEA	0.0431

验证性因素分析结果表明，通过探索性因素分析建立的我国雪上项目运动员比赛能力模型是合理的，这一由认知能力、基础能力、临场发挥能力构成的三维雪上项目运动员比赛能力结构模型能够很好地反映出该类运动员的比赛能力内涵和结构。

第四节　中国雪上项目运动员隐性知识与比赛能力关系分析

我国雪上项目运动员隐性知识结构模型显示，该模型是多维度的结构。本书以我国雪上项目运动员隐性知识作为外源潜变量，比赛能力作为内源潜变量，构建结构方程并进行参数拟合，对我国雪上项目运动员隐性知识与比赛能力的关系进行分析。

（1）研究假设的提出

在对我国雪上项目运动员隐性知识与比赛能力研究的基础上，借鉴有关研究成果，从雪上项目运动员隐性知识内容的 4 个维度对比赛能力的影响提出相应的假设。

假设 1：我国雪上项目运动员个人特质隐性知识与其比赛能力正相关。

假设 2：我国雪上项目运动员人际技能隐性知识与其比赛能力正相关。

假设 3：我国雪上项目运动员元认知隐性知识与其比赛能力正相关。

假设 4：我国雪上项目运动员专业技能隐性知识与其比赛能力正相关。

（2）假设验证

为了验证我国雪上项目运动员隐性知识对其比赛能力的影响，本书运 LISREL8.70，通过极大似然估计法对其参数进行了估计。参数估计的结果如图 4—3 所示。

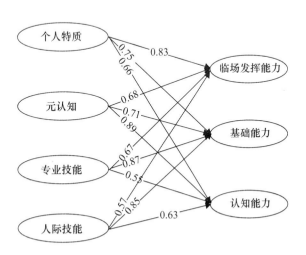

图 4—3　我国雪上项目运动员隐性知识——比赛能力关系模型参数估计

通过对我国雪上项目运动员隐性知识——比赛能力关系模型进行拟合检验，拟合检验结果（表 4—8）表明该模型具有较好的拟合性。

表4—8   我国雪上项目运动员隐性知识与比赛能力关系拟合度检验

模型拟合评价指标	实测值
p 值	0.0712
χ^2/df	1.567
RMR	0.1461
SRMR	0.0713
GFI	0.8763
AGFI	0.8945
NFI	0.9221
NNFI	0.8645
CFI	0.9412
RMSEA	0.0422

（3）分析讨论

我国雪上项目运动员隐性知识—比赛能力关系模型参数估计和拟合检验表明，假设1—假设4通过检验，雪上项目运动员具有的四个维度的隐性知识对其比赛能力都产生影响。

从我国雪上项目运动员隐性知识—比赛能力关系模型看出，在我国雪上项目运动员隐性知识的四个维度中，个人特质隐性知识因素对其保障性能力影响较大，这表明雪上项目运动员此类隐性知识对其快速适应环境、很好地处理比赛中的复杂局面、主动调整竞技状态以抓住战机、出奇制胜发挥了重要作用；专业技能隐性知识因素对其核心能力影响较大，这说明此类隐性知识对于提升雪上项目运动员的技战术素养及运用能力、提高运动智能和心理能力具有重要作用；雪上项目运动员元认知隐性知识因素对其认识性能力影响较大，这说明此类隐性知识对雪上项目运动员较好地控制比赛节奏、捕捉战机、提高对比赛规律的认识程度具有良好的促进作用；雪上项目运动员人际技能隐性知识要素对其核心能力产生影响较大，这说明有效的人际沟通可以促使隐性知识在雪上项目运动员与教练员、运动员之间达到充分共享的目的，通过交流比赛心得等形式，有效提高雪上项目运动员技战术的运用能力、运动智能和心理能力。[1]

综上所述，我国雪上项目运动员的隐性知识与其比赛能力高度正相关，隐性知识水平越高，比赛能力越强，提升隐性知识水平是运动员获取优异成绩的重要手段，是提高我国雪上项目运动员培养质量的必然选择。

---

[1]　曹连众、王前：《竞技体育人才隐性知识与比赛能力关系研究》，《山西大学学报》（哲学社会科学版）2010 年第 33 卷第 5 期，第 129—133 页。

第 五 章

隐性知识管理视域下中国雪上项目
优秀运动员培养理论体系
及机制的建构

前文对隐性知识管理视域下我国雪上项目优秀运动员培养的相关基本理论问题进行了阐析，明晰了培养理论的内涵；对优秀运动员隐性知识水平与比赛能力（培养质量）的关系进行了研究，验证了相关基本理论对于提升运动员培养质量的重要作用。然而，要实现正确运用理论以提升优秀运动员人才培养质量的根本目标，就必须有与基本理论相适应的优秀运动员培养理论体系及机制。

第一节　隐性知识管理视域下中国雪上项目
优秀运动员培养理论体系的建构

竞技体育运动的特殊性决定了运动竞赛领域知识创新中的新知识首先在优秀运动员个体中产生，它是构成运动项目组织核心竞争力的基础。然而，由于竞技体育的竞争性和优秀运动员隐性知识具有私密性、亲验性、情景性、难言性、价值性等特点，使得优秀运动员隐性知识的获取和共享必然要受到多种因素的制约，这里面既有隐性知识本身层面的影响因素，诸如比赛经验、学习完成技术动作的领悟力、面对复杂比赛局面的应变力、比赛中即兴发挥的能力等这些看不见、摸不着的东西，不可能像显性知识那样易于交流，形成共享；同时由于运动竞赛本身的特殊性，拥有大量隐性知识的优秀运动员个人具有垄断和独占心理，一般不愿将其所掌握的学习技术动作诀窍、比赛经验等相关隐性知识与别人共享，主要是因为担心别人尤其是竞争对手学了他的"绝招"，自己将失去在某一运动项目领域的竞争优势，这也导致了隐性知识难以转移和共享。① 另外，就运动项目组织自身来说，许多教练员、优秀运动员和管理者还未能充分认识到运动员隐性知识管理的重要性，也不知道如何采取科学的方法对运动员隐性知识进行管理，在制度上还缺乏对隐性知识的合理激励机制，尽管运动项目组织努力营造有利于优秀运动员隐性知识获取、转移、共享的组织文化，但由于手段单一、枯燥，说教氛围浓，使得组织缺少成员之间的信任、学习的氛围和创新的文化氛围，从而影响了运动员隐性知识转移的速度和质量。②

基于上述研究的认知，隐性知识管理视域下我国雪上项目优秀运动员培养理论及机制的创新，其实质就是要克服隐性知识在运动项目组织内部获取、转移、共享过程中的难点问题，采取有效培养方法和手段以促进隐性知识在运动项目组织内的有效流动。因此，如何对优秀运动员隐性知识进行有效的管理必然成为培养理论及机制创新的核心和重点。

前文基于 SECI 模型和中国传统思维方式的直观体验认知模式两个方面对运动员隐性知识的获取、转化和传播进行了分析，从中可以发现，优秀运动员在知识创造与转化过程中，隐性知识的运行过程可以概括为四个阶段：即获取隐性知识、转移隐性知识、共享隐性知识和隐性知识利用。基于此和前文的论述，结合竞技运动训练及比赛的特殊性，本书尝试建立了基于隐性知识管理视角的我国雪上项目优秀运动员培养理论体系模型。如图 5—1 所示。

---

① 李作学：《个体隐性知识的结构分析与管理研究》，大连理工大学博士论文，2006 年。
② 同上。

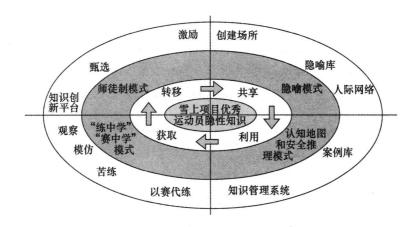

图5—1　我国雪上项目优秀运动员培养理论体系

以下紧密结合我国雪上项目的竞技体育实践，对此模型进行进一步的解释与分析。

一　推广"练中学"与"赛中学"获取隐性知识的模式①

由于隐性知识包含着不能以一种直接标准化的方式表达的学习和技能，"干中学""用中学"就成为获取隐性知识的关键途径，我国雪上项目竞技体育运动实践一般可以概括为两个阶段，一是训练，二是比赛，依此将"干中学""用中学"的获取隐性知识模式具体应用到优秀运动员隐性知识研究中，可以称其为"练中学"与"赛中学"模式。② 优秀运动员隐性知识亲验性和情境性的特点，决定了必须参与具体的竞技体育运动实践，通过自身不断的千百次刻苦练习和领悟来获取隐性知识，因此这种模式是优秀运动员隐性知识获取的最佳模式。

----

① 曹连众：《竞技体育人才隐性知识获取机理研究——基于"练中学""赛中学"视角》，《沈阳体育学院学报》2014 年第 33 卷第 3 期，第 68—70 页。

② 同上。

（1）"练中学"与"赛中学"模式的理论基础

建构主义学习理论是认知学习理论的一个重要分支，它批判行为主义把知识当成定论，当成真理的做法。建构主义认为："学习不是被动接受信息刺激，而是主动地建构意义，是根据自己的经验背景，对外部信息进行主动地加工和处理，从而获取自己的意义。"[①]

梅瑞里（Merali）以"行动—认知循环模式"来说明个人学习认知过程和行动的关系[②]，如图5—2所示。"行动认知模式"理论为优秀运动员隐性知识获取的"练中学"与"赛中学"模式提供较好的理论支撑。

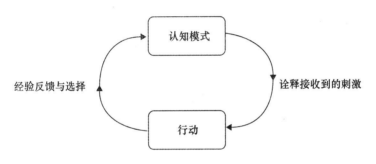

图5—2　行动—认知循环模式

（2）获取隐性知识的机理分析

美国学者赖特（T. P. Wright）等人认为在工作中，个人会不自觉地产生学习行为，这些学习行为沿着两个维度——知识广度拓展的水平维度和知识深度提升的垂直维度——开阔、延伸和提升原有的知识。[③] 一般来说，许多学习行为会在两个维度上同时进行，优秀运动员的学习行为亦是如此（如图5—3所示）。

---

① 李作学：《个体隐性知识的结构分析与管理研究》，大连理工大学博士论文，2006年。

② 同上。

③ 同上。

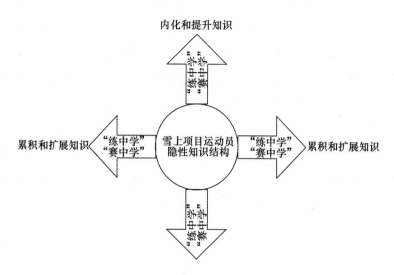

图5—3　"练中学""赛中学"：雪上项目运动员隐性知识内化和累积空间图

　　无论优秀运动员沿着哪一维度方向进行学习，都是知识累积和整体认知深化的过程，但是优秀运动员对学习方向要进行科学的选择。[①] 在雪上项目的竞技体育运动实践中，体育作为一种身体练习的活动，是运动技能与优秀运动员身心的和谐统一，这就使得优秀运动员要取得优异成绩，不仅要具备一定深度的专业知识，更要具有高超的运动技能。对于优秀运动员的"练中学"与"赛中学"学习模式来说，内化提升知识要比累积扩展知识的速度和幅度要强一些。优秀运动员在学习运动技能时，首先要通过对文本式的动作要领、细节等显性知识的学习，经过无数次的练习形成训练情景下的运动技能，通过比赛这一形式将训练情景下的运动技能应用到具体的竞技体育运动实践中，最终形成比赛情景下的运动技能，通过这个过程，优秀运动员把一些知识内化到自己的头脑中，从而使个人的知识能力得到扩展和提升。其次，优秀运动员根据自己的训练心得、运动技能掌握情况和在比赛中的发挥状况，对已有的文本式的动作要领、细节等显性知识和自省力、领悟力、表现力、面对压力的

————————

　　① 李作学：《个体隐性知识的结构分析与管理研究》，大连理工大学博士论文，2006 年。

能力等隐性知识及内部知识构成要素之间的关系进行重构或调整。这样，某些知识元素之间的关系会增强，某些会减弱。最后，重构或调整的知识在优秀运动员头脑中形成了个性化的图式，这些图式反映了优秀运动员不同的经历和世界观，绝大多数以隐性的知识形式存在。由此可见，优秀运动员的"练中学"与"赛中学"学习模式可视为一个认知过程，这一认知过程也就是优秀运动员心理模式和思维图式的重构和转移过程，即隐性知识的获取过程。①

　　通过对"练中学"与"赛中学"学习过程的分析，可以更清晰地认识此种模式获取隐性知识的学习机理。"练中学"与"赛中学"的学习过程可以概括为：优秀运动员在竞技体育运动实践中要在运动项目上取得优异成绩，必须经过两个阶段，一是要在对文本式的动作要领、细节等显性知识掌握的前提下，经过无数次的观察、模仿、练习形成训练情景下的运动技能，然后通过比赛这一形式将训练情景下的运动技能应用到具体的竞技体育运动实践中，最终形成比赛情景下的运动技能，这个阶段获得的是运动技能诀窍知识，具有较强的任务专用性，必须经过竞技体育运动实践才能获取，一般叫作经验知识；二是优秀运动员根据在训练及比赛中学习完成运动技能的运动经历，对"练中学"与"赛中学"过程进行反思和抽象，将训练及比赛的经验、教训提升到与竞技体育运动实践紧密联系的理论高度，并使之系统化，最终内化为优秀运动员个人身体知识的一部分，从而更好地指导竞技体育运动实践。这是对优秀运动员已有的知识和比赛经验进行反思并建构知识的过程，其特点在于显性知识内化为个人的隐性知识。其实，这两个阶段是互为作用的，在竞技体育运动实践中，优秀运动员根据比赛中技能完成情况来反思自己的认识行为，把训练及比赛的经验与教训用于指导竞技体育运动实践，优秀运动员个体的行为和认识得到调整和修正，达到了知识点滴累积和重新建构的目的，其知识得以生成和扩充，完成了一名优秀运动员的比赛

---

① 曹连众：《竞技体育人才隐性知识获取机理研究——基于"练中学""赛中学"视角》，《沈阳体育学院学报》2014 年第 33 卷第 3 期，第 68—70 页。

能力由弱到强的提升过程，如图5—4所示。①

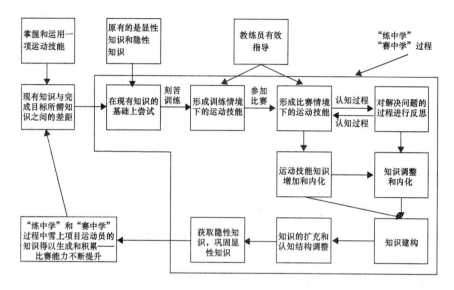

图5—4　雪上项目运动员"练中学""赛中学"获取隐性知识的过程

二　完善基于师徒制的隐性知识转移模式

（1）雪上项目的竞技体育运动实践中师徒制的内涵

优秀运动员隐性知识社会化的过程，是隐性知识的传递和共享过程。隐性知识的特点决定了技术工具对于其传递与共享所起到的作用是微乎其微的，运动项目组织成员面对面地交流、观察和模仿是传播和转移这种知识最直接和最佳的途径。而传统的师徒制模式是能够集面对面交流、观察和模仿体验于一体的最好模式，竞技体育的亲验性特点决定了优秀运动员学习运动技能采取师徒制模式的必然性。在运动项目组织中，隐性知识的转移主要有两个途径，一是从教练员到优秀运动员，二是相同项目优秀运动员之间的互相学习。一般情况下，一个运动项目组织的教练员是相对稳定的，组织中的优秀运动员都是传统意义上的"师兄弟"，隐性知识的传递具有一脉相承的特点，即使是优秀运动员之间的传递也

---

① 曹连众：《竞技体育人才隐性知识获取机理研究——基于"练中学""赛中学"视角》，《沈阳体育学院学报》2014年第33卷第3期，第68—70页。

离不开教练员这个源头。在运动项目组织中，无论是哪种传递途径，都可视为师徒制模式的一个方面，因此，为了体现运动训练的特殊性，本书研究的师徒制模式内涵实质上包括了两个方面的内容，即向教练学和向师兄弟学。[①]

（2）基于师徒制模式的隐性知识转移的机理分析

运动项目组织的教练员和优秀运动员具有的大量隐性知识，是运动项目组织核心竞争力的重要组成部分，绝大多数的教练员都曾是某个专业领域的优秀运动员，其身上的执教经验、技能学习完成的策略及方法、参赛经验等大量隐性知识，对于提升优秀运动员的比赛能力发挥着重要作用。优秀运动员是运动项目组织中的优秀分子，在他们身上也存在丰富的有利于提升比赛能力的隐性知识，且更具实效性，更容易在优秀运动员之间传递。优秀运动员隐性知识显性化是隐性知识共享的一种途径。然而，由于隐性知识本身的特点，隐性知识外显化只能做到某种程度，有些隐性知识无法给予外显。还有，外显化的隐性知识容易被其他人学习，如果不给予补偿，可能对具有丰富隐性知识的优秀运动员产生不利影响。就运动项目组织而言，一些隐性知识如完成运动技能的诀窍、比赛经验等是组织获得可持续竞争优势的关键因素，如果把这些隐性知识外显化，一旦传播给自己的相同运动项目的竞争者，对运动项目组织而言则是灾难性的。[②] 如果优秀运动员隐性知识无须外显就能达到转移和共享的目的，则是运动项目组织最理想的一种选择。师徒制模式恰恰满足了这一需要，它是隐性知识社会化最有效的方式，只不过在竞技体育运动实践中这种模式具有其自身的特殊性，既有教练员→优秀运动员这种正式的学习形式，也有优秀运动员→优秀运动员这种非正式的学习形式，前者需要将师徒关系通过组织行为进行确定，而后者只要是同一运动项目组织的"师兄弟"身份即可，不需要组织行为的进一步确定，是名副

①　曹连众：《竞技体育人才隐性知识获取机理研究——基于"练中学""赛中学"视角》，《沈阳体育学院学报》2014 年第 33 卷第 3 期，第 68—70 页。

②　李作学：《个体隐性知识的结构分析与管理研究》，大连理工大学博士论文，2006 年。

其实的非正式学习。①

　　知识的生成和获取要靠不断的学习来完成。当优秀运动员产生运动技能学习的需求后，他要到相应的运动项目组织寻求值得学习的知识源，并定位知识源。体育作为一种身体练习活动，要掌握一项运动技能必须要有"师傅领进门"，这也是区别于其他学习活动的一个重要特征。一旦师徒关系确定后，随之也成为该运动项目组织的成员之一，和队友的"师兄弟"关系也就正式成立。无论是师徒传递知识，还是向优秀的"师兄弟"学习，都遵循着以下转移隐性知识的过程。② 如图5—5所示。

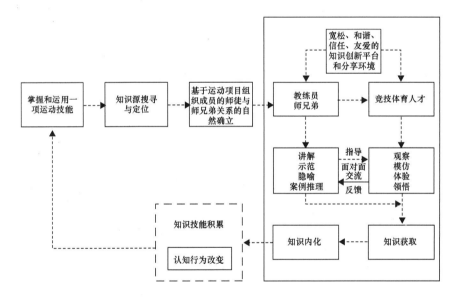

图5—5　雪上项目运动员运动实践中师徒制转移隐性知识过程

　　在这个过程中，传递隐性知识的机制至关重要，主要涉及以下几个关键的环节：

　　第一，"徒弟"要掌握一定的所从事运动项目的相关专业知识，与教

---

① 曹连众：《竞技体育人才隐性知识获取机理研究——基于"练中学""赛中学"视角》，《沈阳体育学院学报》2014年第33卷第3期，第68—70页。

② 同上。

练员及同门"师兄弟"之间有共同的信仰、兴趣和爱好。①

在竞技体育运动实践中，教练员和优秀运动员在传播隐性知识时，往往运用隐喻、类比等方法言说隐性知识，这就需要"徒弟"具备相关的运动项目的专业知识做基础，才能有可能对教练员及"师兄弟"所言和肢体蕴含的隐性知识有深刻的理解，并进行消化和吸收。同时，在隐性知识传递中，"徒弟"和教练员及"师兄弟"们要建立一种相互了解、相互配合的群体关系，这就需要整个运动项目组织成员有相同的知识背景、信仰、兴趣和爱好。基于此，一方面教练员及"师兄弟"传递隐性知识时可以做到方式恰当且有的放矢，另一方面徒弟可以充分了解教练员及"师兄弟"的长处，取他人之长补己之短，认真领会教练员及"师兄弟"的意图，仔细揣摩教练员及"师兄弟"的想法，进而达到交流隐性知识心照不宣、心领神会的程度，极大地提高隐性知识在运动项目组织的传递效率。②

第二，构建和营造一个运动项目组织成员共同的知识创新平台和知识分享环境。

知识的创新和分享是需要一定的平台和环境的，许多学者把这种促使新知识产生的平台和环境称之为"场"，即"ba"，最早由日本哲学家西田几多郎（Kitaro Nishida）提出，被清水（Shimizu）进一步发展。Ba为个人知识或集体知识之间的分享提供了一个平台。针对 SECI 的知识创新模型，野中郁次郎等提出了 ba 的四种类型："起源的 ba""对话的 ba""系统化的 ba"和"实验上的 ba"。而优秀运动员隐性知识的社会化则需要"起源的 ba"。"起源的 ba"被定义为个人与个人之间面对面的互动。它是一个场所，在那里，个人分享经验、情感、情绪和心智模式。它主要提供了社会化的一个情景，因为个人面对面互动是捕捉所有身体感觉和心理情绪反应的唯一途径，因而放松或局促，在分享隐性知识中有着

---

① 曹连众：《竞技体育人才隐性知识获取机理研究——基于"练中学""赛中学"视角》，《沈阳体育学院学报》2014 年第 33 卷第 3 期，第 68—70 页。

② 同上。

重要作用。从这个"起源的 ba"上，形成了关心、爱、信任和承诺，这些是个人之间知识转化的基础。由此可见，"徒弟"要从教练员及"师兄弟"身上学到更多的隐性知识，需要运动项目组织构建和营造一个宽松、和谐、友爱、信任的知识创新平台和共享环境，这是促使隐性知识在组织内有效转移的环境基础。①

第三，多种形式的面对面交流。

有了宽松、和谐、友爱、信任的知识创新平台和共享环境，使得优秀运动员交流隐性知识成为可能。知识交流的媒介渠道不同，转移知识的能力和效果是不同的。面对面的互动被认为是最丰富的媒介方式，原因是它允许瞬时反馈，这样双方的理解能够被检查并纠正不合理的地方。这种方式还允许多维暗示同时互动，这些暗示包括身体语言、面部表情和声音语调。面对面的互动运用大量自然语言和个体裁剪的信息以适合于接受者。在竞技体育运动实践中，优秀运动员隐性知识更多地体现出不明晰和模糊的特点，教练员及"师兄弟"完成技能的诀窍、比赛经验等隐性知识必须经过面对面的传授与交流来转移，这也是运动技能学习区别于其他学习的一个典型特征，交流形式与隐性知识专业有着更高的相关性。不仅如此，运动技能的学习特点使得隐性知识在运动项目组织成员间的转移难度更大，面对面的交流形式要多样化，不仅要有正式的教练员带徒弟的教与学，而且还要有非正式的与"师兄弟"间的互学，如技能学习纠错研讨会、比赛经验交流会等。②

第四，示范、观察与模仿练习。

由于隐性知识是知道如何去做的知识，难以言说，尤其是体育作为一种身体练习的活动，因此教练员在竞技体育运动实践中通过亲自示范就显得非常重要。在训练情景下的运动技能形成初期，教练员或是优秀的运动员必须边做示范，边讲解，以令"徒弟"观察及模仿练习，"徒

---

① 曹连众：《竞技体育人才隐性知识获取机理研究——基于"练中学""赛中学"视角》，《沈阳体育学院学报》2014 年第 33 卷第 3 期，第 68—70 页。

② 同上。

弟"根据自己所掌握的相关专业知识，仔细揣摩动作要领，通过模仿练习来体会、领悟教练员或是"师兄弟"的学习完成运动技能的诀窍，最终到达熟练掌握的程度。由此可见，通过教练员或是"师兄弟"的示范，"徒弟"的观察模仿和重复练习，教练员和"师兄弟"的技能、经验等隐性知识才得以传递给"徒弟"。[①]

三 充分发挥隐喻在隐性知识共享中的作用

在野中郁次郎知识创造的 SECI 模型中，个体隐性知识显性化对知识的生成和知识创新起着非常重要的作用。优秀运动员所拥有的显性知识和隐性知识不是彼此独立的两个部分，两类知识之间并没有明显的界限。隐性知识是明确知识的基础，一切明确知识都有隐性的根源。言传性知识是由意会性知识转化而来的。[②] 由此可见，对优秀运动员的知识管理重点应是对隐性知识的管理，如何寻找合适的途径和机制加快隐性知识的共享，从而有效地实现优秀运动员隐性知识的外化，是更好地发挥言传知识或明晰知识作用的关键之所在。[③]

（1）隐喻在竞技隐性知识外化中的作用

优秀运动员隐性知识的外化是把优秀运动员自身独占知识转化为群体共享知识的过程，是隐性知识转化为显性知识的过程，也是知识创新的过程。运用隐喻、类比和模型是优秀运动员个体的隐性知识转化为群体共享的知识的有效途径。隐喻作为一种修辞方法，它表达了两个不相似或不同领域的概念之间的相互作用，可以帮助我们理解抽象的概念和进行抽象的推理，它以视觉、听觉或是语言为形式。隐喻作为借助意义传递而进行的影响干预技术或者设计理念，不仅仅是因为隐喻拥有简单的传递功能，实际上隐喻组成了人类思维的基本机制。[④] 隐喻在竞技体育

---

① 曹连众：《竞技体育人才隐性知识获取机理研究——基于"练中学""赛中学"视角》，《沈阳体育学院学报》2014 年第 33 卷第 3 期，第 68—70 页。

② 李作学：《个体隐性知识的结构分析与管理研究》，大连理工大学博士论文，2006 年。

③ 同上。

④ 同上。

运动实践领域得到了广泛的应用，因其具有的特殊传递功能而成为传授运动技能诀窍、经验的有效途径。

多娜伦（Donnellon A.）等指出："隐喻是通过要求听众将一件事物想象为另一种事物，对经验提出新颖的解释，并提出体验现实的新途径。她认为隐喻是一种交流沟通的机制，它的作用是协调认识中的差异。"在交流沟通或开拓市场的过程中，隐喻也已经成为一种有效的劝说、影响技术。而且，隐喻是可用来产生新概念网络的重要工具。因为一个隐喻是"关于两种不同事物的思维。有的研究者对隐喻的重要性给予更高的测评，认为隐喻应作为人类行为理论研究的基础"[1]。在一定情景引导下，优秀运动员能够通过隐喻将隐性知识逐渐明晰化。

隐性知识的难言性和程序性特征为运用语言交流提供了障碍。[2] 奥特尼（Ortony A.）从理论上论证了隐喻作为一种有效途径在优秀运动员隐性知识外化中的重要作用，其实，在竞技体育运动实践中学习运动技能的很多时候都离不开隐喻。如投掷运动员在学习动作时，教练员在传授最后出手动作环节时，为了强调"爆发力发挥"这个关键动作要领，常常会用"鞭打"这个词来让运动员体会最后出手瞬间爆发用力的身体和心理感觉，"鞭打"是要求运动员在出手时要有一种突然间被鞭子抽打的反应。运动员经过不断地体会、揣摩、模仿练习，最终达到熟练掌握动作要领的目的。在排球运动中，教练员在传授发球和扣球的击球动作要领时，也会用到"鞭打"这个隐喻，大大提高学习效率。

（2）组织成员间的隐喻交流沟通机制

隐喻作为优秀运动员隐性知识显性化的有效途径，在隐性知识外化过程中发挥了重要作用。为了更好地分析运动项目组织成员间隐性知识外化的隐喻交流沟通中的制约因素，从而为组织提出科学、有效的干预对策提供参考依据，有必要对运动项目组织成员间隐性知识外化的隐喻

---

① 李作学：《个体隐性知识的结构分析与管理研究》，大连理工大学博士论文，2006 年。

② 同上。

交流沟通机制进行分析。[①] 如图5—6所示，描述了基于知识转化情境的运动项目组织成员1向成员2运用隐喻交流隐性知识的过程。隐喻交流的形成以及交流的效果受到一定条件的影响和制约，从整个过程的描述中，我们可以发现，在知识转化情境相同的情况下，这些影响和制约因素主要包括以下几个方面：交流主体的空间距离；交流主体的语言表达能力和接受能力；交流主体的数量；交流过程的辅助因素，如交流主体的知识背景、价值观、兴趣、爱好、个性特征等。[②]

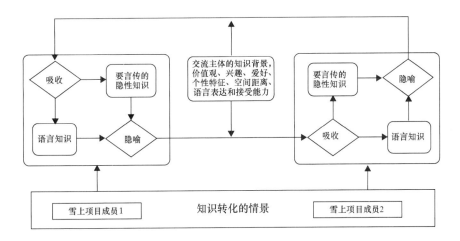

图5—6　雪上项目运动员隐性知识的隐喻交流模型

四　重视和利用好知识地图和基于案例的推理

隐性知识的挖掘和利用是知识管理的又一个重要方面，许多学者都曾对此有过相关论述。知识管理中的一个重要观点，就是隐性知识比显性知识更完善、更能创造价值，隐性知识的挖掘和利用能力，将成为个人和组织成功的关键。美国企业家和学者托马斯（Thomas M.）曾指出管理和追踪显性知识比管理和追踪隐性知识要容易得多，但因为后者非常重要，因而必须找到一种能在隐性知识丢失或忘掉之前获取它的方式。

---

① 李作学：《个体隐性知识的结构分析与管理研究》，大连理工大学博士论文，2006年。
② 同上。

认知地图（cognitive map）和基于案例的推理（Case-Based Reasoning，CBR）技术为挖掘和利用隐性知识提供了工具。① 本部分将认知地图和基于案例推理技术具体应用到竞技体育人隐性知识的管理上，并就在竞技体育运动实践中运动项目组织利用认知地图和基于案例推理的过程和干预措施进行详细的分析。

（1）认知地图和基于案例推理的特点

认知地图在 1948 年由托尔曼（Tolman R.）创立，最初用于说明政治和社会科学的知识，以及解释给定环境下认识的若干要素存在的因果关系。认知地图是用图表反映个人或者组织的思维模型。它用来研究一个要素的状态是否影响另一个状态变化。②

亚瑟洛德（Axelrod R.）用认知地图来说明政治社会科学的隐性知识。③ 认知地图还成功用于其他多个领域，如复杂战争中的决策制定、战略计划问题、信息获取、分布式决策过程模型，等等。在认知地图中，节点代表着因果概念，标记的直弧线代表着两个概念的因果关系，因果价值用"＋"和"－"来表示。当然，因果价值也可以用 –1 和 1 来模糊表示。亚瑟洛德认为，因果价值用"＋"和"－"来表示的简单认知地图尽可能地模仿了人的认知，这是因为决策者通常不会用较复杂的关系集合。

通过上面的分析可以看出，认知地图作为更好地挖掘隐性知识、建构组织记忆的一种技术和工具，优越于一般知识表示方案，它能够说明关于复杂社会关系的专家的信念和认知，使专家的隐性知识尽量模糊地表达出来，并使隐性知识有效地形式化、显性化，认知地图被成功地应用到社会的多个领域。由此可见，认知地图的这些特性为其应用到竞技

① 李作学：《员工隐性知识的识别及模糊综合评判》，《科技管理研究》2006 年第 12 期，第 25—29 页。

② Noh J. B. , Lee K. C. , Kim J. K. , Lee J. K. , Kim S. H. , A case-based reasoning approach to cognitive map-driven tacit knowledge management ［J］. *Expert Sytems with Applications*, 2000 (19)：249—259.

③ Axelrod R. , *Structure of Decision：The Cognitive Maps of Political Elites* ［M］. Princeton University Press, 1976.

体育运动实践领域提供了可能。

认知地图作为挖掘个人隐性知识的工具，它把个人，特别是专家的隐性知识尽量模糊表达出来，而基于案例的推理技术则用于存储和重新利用隐性知识，这两个工具相互配合，共同来挖掘和利用个体隐性知识。

基于案例的推理（CBR）技术最早是由美国耶鲁大学罗杰·尚克（Roger Schank）提出的。人类在求解问题时，首先采用的是形象思维，获得目标案例的部分信息，联想到过去曾遇到过的类似问题，启发产生新问题的解决办法。而且在复杂的决策环境中，这是一个问题逐步分解、认识不断深化的过程。问题的分析和求解是相互交错、迭代进行的。[1]

通过以上分析，我们可以将基于案例推理的特性概括为以下几个方面：

第一，基于案例的推理是一种直觉思维方式，其基本依据是相似的问题有相似的解。[2] 这样就能够使决策者不需要从头开始而迅速提出解决问题的方案，对于一个给定的问题，它提供了基于记忆的个人和组织直觉，这能够避免任何非正规或非正常的问题解决过程。

第二，基于案例的推理允许人们把过去的经验知识作为共同的资源，以便为今后的决策所用。一方面管理者通过储存的经验知识可以充分把握工作及事件的发展脉络，抓住重点问题，明晰其主要特征；另一方面还可使决策者通过经验知识的掌握，很大程度上不再重蹈覆辙，减少错误事件的发生率。

第三，根据问题性质，基于案例的推理能为存储隐性知识提供一个系统的途径，并重新加以利用。

由此来看，基于案例问题的求解方法非常适用于没有很强理论的模型和领域知识不完全、难以定义或定义不一致而经验丰富的决策环境中。从决策任务适应性的观点来看，任务的结构总在变化，而相应的知

---

[1]　赵卫东、李旗号、盛昭瀚：《基于案例推理的决策问题求解研究》，《管理科学学报》2000 年第 3 卷第 4 期，第 29—36 页。

[2]　同上。

识调整不可能完全反映深层的因果机制，这是基于案例的推理能够有效地解决问题的关键所在。在竞技体育运动实践领域，基于案例问题的求解方法是很常见的，以自由式滑雪空中技巧项目为例，在重大的国际赛场上，影响优秀运动员出色完成技术动作的因素是多方面的，其中有很多都是瞬息万变的，比赛现场是不可能有足够的时间来重新做出相应准确的知识调整，此时教练员和运动员往往要更多地从以往同类比赛中成功的、或失败的典型案例中寻求经验或教训，以做出技术和心态的抉择。在训练中，运动员练习完成技术动作时，往往要先观看运动员成功比赛的录像，然后教练员要分析成功的原因，借此来讲授动作要领和注意事项，尽管案例库建立不规范，但却是通过案例的推理来利用隐性知识的典型例子。因此，基于案例的推理是优秀运动员隐性知识利用的有效工具。

（2）组织利用认知地图和基于案例推理的过程

优秀运动员隐性知识形式化阶段的主要目标是依据认知地图把一部分隐性知识显性化或形式化。认知地图将运动员在训练及比赛中的心得、判断、推理和解决问题的思路及过程等知识逐一记录下来，并且将其用认知思考过程图呈现出来。这个过程具体如下：首先，优秀运动员要把训练及比赛中面临问题的背景和环境、解决问题的想法和思路尽量反思整理，重点要做好经验教训的总结，或者通过面对面的交流或讨论的形式，由他人收集整理已经存在的想法。其次，学会如何去构建认知地图的知识。这主要是如何来表达想法节点和想法之间的链接关系。链接通常都具有方向性，并且是一种动态链接，可以进行添加和删减。链接的想法之间通常具有因果关系、解释关系或其他关系。对于运动员个人来说，这是个难点，可以采取面对面的交流或讨论的形式由他人收集整理。最后，把想法和认知地图知识整合在一起，形成最终的认知地图。

在认知地图的绘制过程中，收集想法是非常关键的。阿克尔曼（Ackermann F.）等认为："谈话者所表达的想法是一个句子，这个句子不能超过十二个词，而且，最好是用行动的动词以祈使的形式来表达想法，以便于建立一个动态地图。"① 认知地图中的想法有着不同的性质。为了建构一个问题，要区别以下四种不同的想法：最终目标即指向或希望达到的目标，它一般位于地图的最顶端；关键成功因素或战略问题，它由一些重要的想法组成，见证不同过程达到最终目标，它一般位于地图的中心，因为它调节着上面的最终目标和下面的工具手段；行动或者是关键选择，它位于地图的底端，它们有可能成为关键成功因素；论证链，由标准想法组成并串联出地图。

　　关于认知地图，运用的实例非常多，例如，亚瑟洛德利用认知地图去帮助政治家做决策过程，以使得他们提高管理水平和决策结果的科学性。② 个人所做出的决策来自于其心智模式，但是他们并没有觉察到，用来做决策的知识往往是隐性的。亚瑟洛德企图帮助政治家去做出及时、准确的决策，并且教给他们去明确他们的决策的思考过程。由于许多政治家总是不能明确他们做决策的过程知识，而认知地图能够帮助他们把隐性知识显性化。弗洛伦斯说明了认知地图在"商业战略的思考模型——一种对商业决策过程记录模型"的明示中所起的作用：第一，认知地图能够实现思考模型的形成；第二，认识地图解决复杂的、含混不清以及难于架构的问题，它能够使想法澄清或是直接架构起来；第三，认知地图是一种适宜交流想法的工具；第四，认知地图的精巧性可以实现考虑更多的可能行动路线。由此可以看出，认知地图使得隐性知识变得可以清晰地表达，可以被准确地记录以及可以被方便地再学习。③ 在竞技体育运动实践领域运用认知地图的案例并不多见，中国自由式滑雪空中技巧队率先使用了它，并取得了较好的效果。图5—7 就是中国自由式滑雪空中技巧队在参加完 2009 年世界大学生运动会后构建的一个认知地

---

　　① Rodhain F., Tacit to eplicit: transforming knowledge through cognitive mapping-an experiment [J]. Proceedings of the 1999 ACM SIGCPR conference on Computer personnel research, New Orleans, Louisiana, United States, 1999：51—56.

　　② Axelrod R., *Structure of Decision*：*The Cognitive Maps of Political Elites*，[M]. Princeton University Press, 1976.

　　③ 吴霞：《隐性知识的管理理论和应用工具》，《情报资料工作》2005 年第 6 期，第 32—35 页。

图，主要内容是教练员关于男队的参赛战略，图5—7中节选了建构的认知地图的一部分。

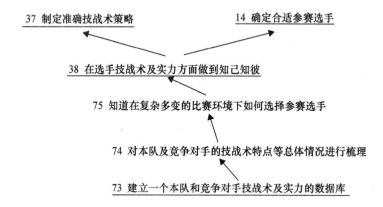

图5—7 中国自由式滑雪空中技巧国家队教练组制定参赛战略认知地图的一部分

注：该教练组确定了两个目标（37和14），一个关键成功因素（38），两个标准想法（74和75）和一个行动（73）。

优秀运动员隐性知识重新利用隐性知识阶段主要是利用认知地图把运动员个人有价值的隐性知识提取后，便存贮在案例库中，然后利用基于案例推理的技术重新利用隐性知识。基于案例推理技术作为一种类比推理的方法，当教练员或是运动员在训练及比赛中遇见新问题时，往往把以前在竞技体育运动实践中积累的经验知识（大部分是隐性知识）与该问题类似的知识联系起来，运用过去解决过的知识经验进行选择信息、解释事物现象，来解决新问题。简单地说，纯粹的CBR技术可以概括为四个阶段：（1）检索，在案例库中查找与当前问题最相似的案例。（2）复用，重新使用案例库中的案例解决新问题。（3）调整，如果必要，调整新的方案。（4）保留，将成功的新方案保存。具体地说，一个典型的案例推理的基本步骤可以归纳如下[①]，这些理论在竞技体育运动实践领域也是适用的。

---

① 路云、吴应宇、达庆利：《基于案例推理技术的企业可持续竞争能力的模型建立与应用》，《管理工程学报》2005年第3期。

第二节　隐性知识管理视域下中国雪上项目
优秀运动员培养机制模型的建构

中国雪上项目优秀运动员的培养是一个系统工程，就运动队而言，优秀运动员的培养是教练员、运动员自身、管理者及其他保障人员共同作用的结果。运动队必须建立起以有利于隐性知识获取、转移、共享全过程顺利进行为目的的运行机制，为高质量培养雪上项目优秀运动员提供机制保障。前文详尽论述了基于隐性知识管理理论的中国雪上项目优秀运动员的培养理论体系，以此为基础，本课题尝试建构了中国雪上项目运动队组织内部"四位一体"的培养机制模型，如图5—8所示。

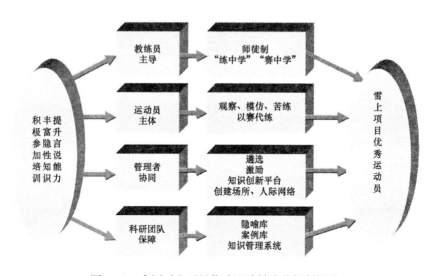

图5—8　中国雪上项目优秀运动员培养机制模型

一　隐性知识管理视域下中国雪上项目优秀运动员"四位一体"培养机制的内部结构

本书是基于隐性知识管理视角的中国雪上项目优秀运动员培养机制研究，鉴于隐性知识管理的特殊性，研究中仅对培养机制的内部结构进行分析。中国雪上项目优秀运动员"四位一体"培养机制在内部结构上包含教练员、运动员、管理者及科研团队四个部分。在竞技体育实践中，教练员是主导，运动员是主体，科研团队是保障，管理者是协同，四者虽各司其职，但功能界限并不十分清晰，而是相互交叉、相互影响、相互促进，缺一不可，统一于培养高水平雪上项目优秀运动员的组织目标之中。

教练员是竞技体育实践直接的主导者，训练效果及比赛成绩的好坏与教练员息息相关，其作用无可替代。目前，中国绝大多数雪上项目的教练员都曾是某个专业领域的优秀运动员，例如，自由式滑雪空中技巧国家集训队主教练纪东、教练欧晓涛都曾是该项目的世界冠军，自身具有的执教经验、技能学习完成的策略及方法、参赛经验等丰富隐性知识，对于提升运动员比赛能力至关重要，可以说教练员是运动队中最大的"隐性知识库"，隐性知识能否有效地在培养优秀运动员的过程中发挥作用，很大程度上取决于教练员的个人意识与管理行为。

运动员是中国雪上项目各运动队中参与训练、比赛等竞技体育实践活动的主体，其隐性知识水平的高低直接影响到运动成绩，教练员、管理者及其他保障人员实施的有利于隐性知识转移及共享的各项举措，都将通过作用于运动员个体而发挥作用。雪上项目通常危险性较大，训练及比赛面对的环境也较为复杂，瞬息万变，对运动员面对压力的自我调节力、比赛中即兴发挥的能力、沟通诀窍、面对复杂局面的应变力等隐性知识都提出了较高要求，这些都需在教练的指导下，经过无数次的训练及比赛揣摩习得。

在中国雪上项目国家集训队中，领队即是管理者，在"四位一体"培养机制中承担协同职责，负责与上级主管部门沟通及对外联络，争取有利于组织隐性知识有效传递的最优环境；对内协助教练员等其他组织成员，共同营造有利于隐性知识共享的组织文化，采取有效措施提升运动员参赛动机、理解他人并接受管理、与教练及队友的合作协调能力等隐性知识水平。

科研团队在"四位一体"培养机制中承担保障职责，作为训练管理团队整体的一部分，是运动队的眼睛和耳朵，对我国已经开展相对成熟的雪上项目，应时刻关注本领域技术及理论前沿，为运动队技术、知识创新提供信息基础和革新方案；同时做好运动队训练、比赛等各类资料的收集与保存，建立相关理论、技术及训练比赛经验的隐性知识数据库，为运动队技术和知识创新及隐性知识的有效保存、传递及共享提供高水平的科研服务。

二　隐性知识管理视域下中国雪上项目优秀运动员"四位一体"培养机制的运行策略

中国雪上项目发展并不平衡，其中自由式滑雪空中技巧和单板滑雪 U 型场地优势较为明显，训练管理团队结构合理，运动成绩突出，其中所具有的隐性知识也较为丰富，因此，鉴于中国雪上项目发展的实际情况，不仅要实现隐性知识在以上两个项目团队内部的充分流动和共享，还要打开项目界限，广泛吸收其他已建有国家集训队的雪上项目的教练员及运动员共同参与其中，以实现优秀运动员、教练员隐性知识传递效率的最大化，这是依托"四位一体"培养机制实现中国雪上项目整体竞技实力提升的必然选择，也是本书的现实意义之所在。因此，下文中所有的运行策略均涵盖了目前在中国已建有国家集训队的所有雪上项目运动队。

（1）基于雪上项目优秀运动员培养视角的隐性知识获取策略

首先，要强化运动员养成在训练及比赛后总结和反思的好习惯。由于我国雪上项目国家集训队运动员总体数量较少，加之许多隐性知识并不能通过间接学习获取，使我们可共享的隐性知识资源相当可贵。本书认为："雪上项目的训练管理团队，特别是教练员，一方面要积极鼓励运动员在训练及比赛之余进行自我分析和反思，鼓励个人积极的学习；另一方面要进行相应的制度设计和安排，如建立定期的研讨会制度、训练及比赛后的心得分享制度、完成运动技能录像的再审视制度等，让运动员尽可能获得更多信息，有利于其知识的重构。"[①]

---

①　曹连众：《竞技体育人才隐性知识获取机理研究——基于"练中学""赛中学"视角》，《沈阳体育学院学报》2014 年第 33 卷第 3 期，第 68—70 页。

其次，中国雪上项目的训练管理团队必须牢固树立"以赛代练"的训练观。雪上项目的特点决定了比赛结果受场地、环境等因素影响较大，运动员必须在比赛环境下才能领悟诸如比赛经验、面对复杂比赛局面的应变力、比赛中即兴发挥的能力、比赛中的情绪自我控制力等隐性知识，因此，本书认为："必须尽可能多地为运动员提供参加各种比赛的机会，在训练情景下的运动技能发挥稳定后，要积极创造条件并鼓励运动员参与各类比赛，在比赛中不断提升自身隐性知识水平。"①

最后，教练员要帮助运动员充分认识雪上项目运动技能的学习特点，在训练中注重意志品质培养。本书认为："雪上项目危险性大，训练环境艰苦，运动员伤病经常发生，教练员要让运动员充分认识雪上项目技能的学习特点，了解人的认知及技能习得规律，使其明确雪上项目要取得优异成绩没有捷径可寻，刻苦训练是比赛能力提升以获得优异运动成绩的唯一选择，可以通过组织奥运冠军专场汇报会、座谈会等形式来强调刻苦训练的重要意义，也可通过教练员及管理者的谈心来达到树立正确训练态度的目的。"②

（2）基于雪上项目优秀运动员培养视角的隐性知识转移策略

前文对隐性知识管理视域下中国雪上项目优秀运动员在竞技体育运动实践中师徒制模式背景下优秀运动员隐性知识转移的培养理论进行了分析，为保证该培养理论和机制的有效实施，中国雪上项目运动队必须着力做到以下几点：

首先，要强化"名师带高徒"的训练观和选材观。在教练员的遴选上要充分考虑从事雪上项目的知识背景和运动经历，要把专业知识扎实、比赛经验丰富、运动成绩优异、言说隐性知识能力强的优秀人才选拔到教练员岗位上来，在组建教练组时，要充分考虑知识、能力、个性的有效互补。在优秀运动员的选拔上，也要充分考虑到专业知识背景、个人

---

①　曹连众：《竞技体育人才隐性知识获取机理研究——基于"练中学""赛中学"视角》，《沈阳体育学院学报》2014 年第 33 卷第 3 期，第 68—70 页。

②　同上。

的信仰、兴趣和爱好与教练员的符合度，从而能够形成互相了解、互相配合、互相信任的组织氛围，有利于隐性知识转移效率的提高。

其次，对于中国已经建有国家集训队的雪上项目运动队，要积极构建和营造一个共同的知识创新平台和知识分享环境。要制定系统的练后、赛后经验教训总结制度，建立信息化程度高、硬件先进的运动技能诀窍知识库，定期开展技能纠错研讨会、比赛经验交流会、个人训练比赛心得博客大赛等活动，积极搭建有利于知识创新的平台。要充分发挥竞技体育运动实践中诸如同门"师兄弟"等非正式组织的重要作用，通过潜移默化的价值观教育，积极营造团结、友爱、信任、和谐的知识共享环境，为中国雪上项目运动队组织内隐性知识的转移提供有效的载体和环境保证。

最后，要建立科学有效的激励制度。鉴于中国雪上项目发展的实际，要在完善教练员奖励制度的基础上，尝试建立"以优带新"制度，鼓励优秀运动员在训练、比赛之余，精力允许的前提下，参与到培养新选手的竞技体育运动实践中，并在奖励政策上予以倾斜，以提高教练员及优秀运动员隐性知识转移的自觉性。

（3）基于雪上项目优秀运动员培养视角的隐性知识共享策略

作为一种思维方式或表达手段，隐喻能够把个人一些重要的模糊情境中的隐性知识逐渐明晰化，使其不仅成为雪上项目优秀运动员隐性知识外化的重要途径，而且对于提升整个雪上项目的核心竞争力也必将起到积极的促进作用。因此，必须充分重视对以隐喻为有效途径的运动员隐性知识的外化管理，采取措施为雪上项目优秀运动员隐性知识外化的隐喻交流沟通提供支撑。

首先，中国已建有国家集训队的雪上项目，要共同创建优秀运动员、教练员等训练管理团队的隐喻交流场所，积极营造有利于激发优秀运动员个体表达隐性知识的情景，如技能纠错研讨会、比赛经验交流会、训练比赛心得博客大赛等形式，创设有利于知识转化的组织环境。

其次，要建立符合本项目特点的隐喻数据库。运动队内部所使用的语言中包括许多隐喻，因此，隐喻既为组织提供了一种共同语言，又是组织内沟通的基础。在长期的训练及比赛的竞技体育运动实践中，必然存在很多与本运动项目紧密联系的隐喻方法和经典案例，尤其是对于中国刚刚起步的雪上项目运动队，因竞技体育实践的时间较短，要特别注意对这些"宝贵财富"的收集与整理，建立一个体现项目组织特点的隐喻方法和案例数据库，这是一个运动项目组织及全体成员对于组织文化的共识，以此为载体，组织中的隐性知识通过隐喻得以传承和共享，也为组织成员进行更广泛的沟通及交流奠定了基础。

再次，要有意识地采取措施提升运动队成员对于隐喻的言说、领悟和吸收能力，这里既包括教练员和运动员，同时也包括运动队的管理者和科研团队。从中国雪上各项目国家集训队运动员知识结构可以看出，自由式滑雪空中技巧等优势及潜在优势项目的运动员学历层次较高，其他项目较低，很多运动员都是从小训练，接受的文化教育不系统，致使运动项目专业基础知识掌握不好，而文化基础和专业基础知识的掌握情况，与有效理解隐喻背景下教练指导和运动员互相交流的能力息息相关，因此，必须鼓励运动员积极学习有关运动项目的专业知识，以提高对隐喻领悟和吸收能力；同时要采取介绍经验、交流心得等形式，不断提高组织成员的语言表达能力；要将物质奖励和精神奖励相结合，对于有的优秀运动员害怕由于用隐喻言说隐性知识，而给本人带来在这个运动项目垄断优势的丢失，组织要给予一定的物质及精神的补偿，鼓励个人充分贡献隐性知识。

最后，要构建人际网络平台，建立广泛的教练员、"师兄弟"间的联系机制。① 这里联系人员的范围既包括现有的教练员、优秀运动员，也包括已经退役的教练员、优秀运动员。这样的平台形式是多样的，可以是恳谈会、报告会等正式的形式，也可以是基于互联网的各种非正式的形式。随着相互交流主体的数量和可供选择范围的扩大，交流就更容易进行，交流成本也低，有益于提升运动员比赛能力的隐性知识传递的效果就会更好。

---

① 曹连众：《隐性知识管理类视域下我国雪上项目优秀运动员培养策略研究》，第九届全国体育科学大学论文摘要汇编（4），2011年。

（4）基于雪上项目优秀运动员培养视角的挖掘和利用隐性知识策略

认知地图和基于案例推理为中国雪上项目各运动队挖掘和利用隐性知识提供了有效的工具，然而，要使用好这两个工具还须组织采取一定的干预措施。

首先，要积极对训练管理团队进行培训，提高构建认知地图和言说典型案例的能力，同时要配备专门的科研人员在面对面交流或讨论时能及时、准确地将组织成员的想法记录下来，以高效保存已经形成的宝贵隐性知识。

其次，要积极开发符合雪上项目特点的基于案例推理技术的知识管理系统。对于条件不成熟的中国雪上项目运动队，要先建立以认知地图为核心的典型案例库，为认知地图和案例推理两个工具的有效使用提供技术保证。

最后，要充分认识案例库对于提升组织核心竞争力的重要性，要建立相应的制度，使训练及比赛中的典型案例及时、完整地收集，并规范地保存等工作系统化、制度化。

第 六 章

结论与展望

第一节　本书的主要结论

本书从中国雪上项目优秀运动员培养面临的现实和理论问题出发，采用经典的实证建模方法即双向行为事件访谈技术和探索性因素分析、验证性因素分析、结构方程等数学方法，质性研究与量化研究相结合，理论与实证分析相结合，探讨了中国雪上项目运动员隐性知识的内涵、特征、结构、测评等与运动员培养相关的基本理论问题，并进行了实证分析，① 得出的结论主要有以下几个方面：

第一，厘清了隐性知识管理视域下与中国雪上项目优秀运动员培养相关的一些基本理论问题。

本书以知识管理和体育学的相关理论成果为基础，吸收哲学、心理学、教育学、管理学和计算机科学等相关学科对隐性知识的研究成果，充分考虑到雪上项目运动员主体的特点，将雪上项目运动员隐性知识定义为"在训练和比赛的情境下，与教练员、队友、竞技运动项目组织相促进，同取得优异运动成绩和提升比赛能力有内在联系的，难以用语言明确表述的、不容易被复制和获取的内隐性知识"，具有难言性、私密

---

① 曹连众：《隐性知识管理类视域下我国雪上项目优秀运动员培养策略研究》，第九届全国体育科学大学论文摘要汇编（4），2011 年。

性、亲验性、整体性、程序性等特点。[①]

运用双向行为事件访谈法确立了中国雪上项目运动员隐性知识的内容要素。通过对中国雪上项目优秀运动员和其教练员的行为事件访谈，确定雪上项目运动员 21 项隐性知识内容要素；运用探索性因素分析、验证性因素分析、结构方程等方法构建元认知、个人特质、人际技能、专业技能四维度的结构模型，并就雪上项目运动员自身和基于其教练员角度在隐性知识内容结构各维度与其隐性知识整体的路径系数存在的差异进行论述。

就如何对雪上项目运动员隐性知识进行测评的相关问题进行了系统研究。设计了涵盖四个维度、20 个要素的三层测评指标体系，对测评方法选择的依据进行了阐述，详细介绍竞技体育人才隐性知识测评的实施步骤，并以 2006 年冬奥会自由式滑雪空中技巧冠军国家队运动员韩晓鹏为例进行了具体的应用。

第二，对中国雪上项目运动员隐性知识与比赛能力关系进行了研究，验证了隐性知识对于提升雪上项目运动员培养质量的重要作用。

第三，对中国雪上项目运动员隐性知识与比赛能力关系进行了研究，验证了隐性知识对于提升雪上项目运动员培养质量的重要作用。

运用团体焦点访谈法和 AHP 标准化权向量法构建了包括认知能力、基础能力、临场发挥能力三个维度的中国雪上项目运动员比赛能力模型，重点研究了雪上项目运动员隐性知识与其比赛能力的关系，得出了雪上项目运动员隐性知识的四个维度与其比赛能力正相关的结论，从理论上进一步论证了中国雪上项目运动员隐性知识对于其取得优异成绩的重要作用。

第四，尝试建立了隐性知识视域下中国雪上项目优秀运动员培养理论体系及机制模型，系统讨论了培养理论体系的内容，分析了基于隐性知识管理视角的培养机制的运行策略。

---

① 曹连众、王前、李作学：《竞技体育人才隐性知识概念及内部层次分析》，《沈阳体育学院学报》2010 年第 29 卷第 4 期。

第五，以自由式滑雪空中技巧国家集训队为个案研究对象进行了实证研究，形成了具有推广意义的基于隐性知识管理视角的中国雪上项目优秀运动员培养方案。

第二节　研究展望

近年来，虽然有关知识管理理论与技术的研究成果颇丰，但基于知识管理理论的视角对运动员培养进行研究还是一个全新的领域，特别是针对中国雪上项目的研究，虽有相关成果，但还较零散，没有形成系统的理论及实践体系。本书虽然尝试运用多种研究方法对诸如雪上项目运动员隐性知识的定义、特征、要素、演化机制、结构模型、测评等与隐性知识管理视域下中国雪上项目优秀运动员培养相关的基本理论问题进行了讨论，在国家体育行政主管部门的支持下也进行了相关实证研究，形成了一些具有推广意义的成功经验，但由于时间、资金及本人研究能力等因素的限制，使得本书研究存在一定的局限性，这一点在本书的第一章已经做了一些说明。应该说，在现有的研究中，无论是有关雪上项目优秀运动员隐性知识的相关基本理论问题研究，还是实践层面的探索，都需进一步在深度、广度及系统性上进行深入的研究。本书认为在以后的研究中应重点关注以下几个方面：

第一，基于隐性知识管理视角下中国雪上项目优秀运动员培养理论问题研究的系统化方面。

尽管本书运用多种方法，对竞技体育人才隐性知识的相关基本理论问题进行研究，但距离建立一个科学的、系统的基于隐性知识管理的培养理论体系还有很多差距，这是下一阶段本书研究的一个努力方向。

第二，基于隐性知识管理的中国雪上项目优秀运动员培养理论如何与其他理论相融合的问题。

优秀运动员的培养本身是一个系统工程，隐性其培养质量的因素诸多，本书虽然基于知识管理理论提出了中国雪上项目优秀运动员的一种创新理论和机制，但在真正的竞技体育实践中，往往是多种理论共同发挥作用，统一于优秀运动员培养的总体目标之中，这就需要多种培养理论的有机融合，这是下一阶段研究的又一努力方向。

第三，形成的基于隐性知识管理视角的中国雪上项目优秀运动员培养理论及机制，其他雪上项目运动队如何借鉴的问题。

在本书的实证部分，仅选取了自由式滑雪空中技巧国家集训队为个案对象，不仅因为该项目是中国的优势项目，在组织及人员保障方面具有得天独厚的条件，且该队经过多年形成的组织文化和技术优势也是一枝独秀，这些都是其他雪上项目无可比拟的，因此，该队形成的一些好的做法和成功经验，其他雪上项目运动队如何有效地借鉴和吸收还须进一步研究。

参考文献

［1］李作学：《个体隐性知识的结构分析与管理研究》，大连理工大学博士论文，2006 年。

［2］曹连众：《隐性知识管理类视域下中国雪上项目优秀运动员培养策略研究》，第九届全国体育科学大学论文摘要汇编（4），2011 年。

［3］范君：《体育院校学生隐性知识能力调查研究》，武汉体育学院硕士论文，2013 年。

［4］范文杰：《运动技能获得中的内隐认知研究进展》，《广州体育学院学报》2003 年第 23 卷第 6 期。

［5］吴耘等：《缄默知识和体育教学中的缄默知识现象》，《四川体育科学》2006 年第 3 卷第 9 期。

［6］Liebowitz J, Megbolugbe I. , A set of frameworks to aid the project manager in conceptualizing and implementing Knowledge management initiatives, *International Journal of Project Management*, 2003（21）.

［7］于米：《工人默会知识测量及其价值的实证研究》，吉林大学硕士论文，2009 年。

［8］Ambrosini V. , Tacit knowledge：some suggestions for operationlization［J］. *Journal of Management Studies*, 2001, 38（6）.

［9］曹连众等：《竞技体育人才隐性知识的内部结构及层次分析》，《沈阳体育学院学报》2010 年第 29 卷第 4 期。

［10］赵婷：《自由式滑雪空中技巧国家队不同成绩运动员隐性知识水平比较研究》，沈阳体育学院硕士学位论文，2009 年。

［11］王会寨等：《奥运知识管理研究》，《北京体育学大学学报》2004 年第 27 第 9 期。

［12］孙洪波：《看奥运聊知识管理》，http：//www. mie168. com/，2004 年第 8 期。

［13］王洪宇：《从知识管理看多哈亚运会》，http：//www. amteam. org. com/，2007 年第 1 期。

［14］曹连众：《知识管理视角下的体育教学创新策略研究》，《教育与管理》2006 年第 28 卷第 6 期。

［15］钟兴龙：《教练员的隐性知识》，《中国体育教练员》2004 年第 6 期。

［16］胡小浪：《知识管理是体育教学新视角》，《南昌高专学报》2006 年第 5 卷第 10 期。

［17］董德龙：《高水平运动员竞技表现及人格塑造》，西南师范大学硕士学位论文，2005 年。

［18］黄金：《现阶段优秀运动员文化教育发展对策研究》，北京体育大学硕士学位论文，2002 年。

［19］王小媛：《上海市竞技运动员文化教育模式研究》，辽宁师范大学硕士学位论文，2006 年。

［20］王岗：《欲望，竞技体育的"无间道"》，《体育文化导刊》2005 年第 8 卷第 5 期。

［21］刘一民：《运动员异化行为简论》，《北京体育大学学报》2006 年第 29 卷第 10 期。

［22］周爱光：《现代竞技运动中异化现象的类型分析》，《体育学刊》2000 年第 5 期。

［23］赖勇泉：《竞技运动异化问题研究》，《广州体育学院学报》2001 年第 21 卷第 1 期。

［24］刘纯献：《竞技运动典型异化的成因分析及对策研究》，《河南师范大学学报》2004 年第 32 卷第 4 期。

［25］宋继新：《竞技教育学》，人民体育出版社 2003 年版。

［26］马莉：《运动技术理念的隐喻与诠释》，北京体育大学出版社 2010 年版。

［27］范文杰：《论运动员灵感及其捕捉》，《中国体育科技》2005 年第 41 卷第 5 期。

［28］范文杰：《运动技能获得中的内隐认知研究进展》，《广州体育学院学报》2003 年第 23 卷第 6 期。

［29］黄颖峰：《内隐学习与运动技能的获得之演技》，《南京体育学院学报》2003 年第 17 卷第 1 期。

［30］范文杰：《运动技能获得中的内隐学习与外显学习及其实质》，《天津体育学院学报》2004 年第 19 卷第 1 期。

［31］丁俊武：《内学习理论的研究进展及其对体育教学的启示》，《北京体育大学学报》2002 年第 25 卷第 6 期。

［32］刘建和：《高怀胜·简论运动员的比赛能力》，《成都体育学院学报》2007 年第 33 卷第 3 期。

［33］莫勇成：《跳高运动员比赛能力结构的初步研究》，《南京体育学院学报》2007 年第 21 卷第 2 期。

［34］王庆福：《自由式滑雪空中技巧比赛作风和竞技能力的分析与思考》，《冰雪运动》2007 年第 29 卷第 6 期。

［35］李凤兰：《如何提高游泳运动员的比赛能力》，《少年体育训练》2010 年第 2 期。

［36］金宗强：《我国优秀排球运动员专项体能评价体系与诊断方法的研究》，北京体育大学博士论文，2004 年。

［37］汪玲玲：《竞技健美操的专项竞技能力特征》，《体育科技文献通报》2009 年第 17 卷第 12 期。

［38］邹本旭、刘军：《休闲体育俱乐部指导员胜任特征构建要素研究》，《武汉体育学院学报》2010 年第 28 卷第 3 期。

［39］曹连众、王前、李作学：《竞技体育人才隐性知识概念及内部层次分析》，《沈阳体育学院学报》2010 年第 29 卷第 4 期。

［40］王前、李作学、金福：《基于我国传统思维方式的个体隐性知识评

价指标分析》，《科技进步与对策》2005年第31卷第3期。

［41］邹本旭：《中国休闲体育俱乐部指导员胜任特征模型研究》，辽宁工程技术大学博士论文，2010年。

［42］魏仕杰：《基于隐性知识显性化的知识管理策略影响因素研究》，浙江大学硕士论文，2006年。

［43］曹连众、王前：《竞技体育人才隐性知识与比赛能力关系研究》，《山西大学学报》（哲学社会科学版）2010年第33卷第5期。

［44］曹连众、李军岩：《基于AHP方法的竞技体育人才隐性知识测评研究》，《沈阳体育学院学报》2011年第4期。

［45］李军岩：《企业战略柔性系统构建研究》，辽宁大学博士论文，2009年。

［46］张丽娜：《模糊综合评价法在生态工业区评价中的应用》，大连理工大学硕士论文，2006年。

［47］李作学等：《员工隐性知识的识别及模糊综合评判》，《科技管理研究》2006年第12期。

［48］曹连众：《竞技体育人才隐性知识获取机理研究——基于"练中学""赛中学"视角》，《沈阳体育学院学报》2014年第33卷第3期。

［49］Noh J. B., Lee K. C., Kim J. K., Lee J. K., Kim S. H. A case-based reasoning approach to cognitive map-driven tacit knowledge management ［J］. *Expert Sytems with Applications*, 2000（19）.

［50］Axelrod R. Structure of Decision：*The Cognitive Maps of Political Elites* ［M］. Princeton University Press, 1976.

［51］赵卫东、李旗号、盛昭瀚：《基于案例推理的决策问题求解研究》，《管理科学学报》2000年第3卷第4期。

［52］Rodhain F. Tacit to eplicit：transforming knowledge through cognitive mapping-an experiment ［J］. Proceedings of the 1999 ACM SIGCPR conference on Computer personnel research, New Orleans, Louisiana, United States, 1999.

[53] 吴霞:《隐性知识的管理理论和应用工具》,《情报资料工作》2005年第6期。

[54] 路云、吴应宇、达庆利:《基于案例推理技术的企业可持续竞争力的模型建立与应用》,《管理工程学院》2005年第3期。

[55] 刘微:《沈阳体育学院自由式滑雪空中技巧可持续发展研究》,沈阳体育学院硕士学位论文,2012年。

[56] 曹连众:《基于师徒制模式的竞技体育人才隐性知识转移机理研究》,《沈阳体育学院学报》2013年第32卷第6期。

[57] 冯多:《国有企业分公司经理胜任特征研究》,东北大学博士论文,2009年。

[58] Nonaka, Ikujiro, Toyama, Ryoko, Konno, Noboru. SECI, Ba and Leadership: A Unified Model of Dynamic Knowledge Creation [J]. *Long Range Planning*, 2000, 33 (1).

[59] 熊德勇、和金生:《SECI过程与知识发酵模型》,《研究与发展管理》2004年第16卷第2期。

[60] 和金生、唐建生:《基于知识发酵理论的知识管理系统框架研究》,《工业工程》2004年第7卷第4期。

[61] 陈昭廷:《新时代实习辅导老师角色之探讨》,《教育社会学通讯》2003年第43期。

[62] Horgan, Dianne D, Simeon, Rebecca J. Gender, mentoring, and tacit knowledge [J]. *The Journal of Applied Psychology*, 1999, 84 (4): 529—550.

[63] Koskinen, Tacit knowledge acquisition and sharing in a project work context [J]. *International Journal of Management*, 2003 (21).

[64] 施琴芬、吴祖麒、赵康:《知识管理下的隐性知识》,《中国软科学》2003年第8期。

[65] 《经济合作与发展组织 (OECD)》,《以知识为基础的经济》,机械工业出版社1997年版。

[66] Haldin-Herrgard, tua Difficulties in Diffusion of Tacit Knowledge in Or-

ganizations [J]. *Journal of Intellectual Capital*, 2000 (1).

[67] 野中郁次郎、竹内广隆：《创造知识的公司：日本公司是如何建立创新动力学的》，科学技术部国际合作司，1999 年。

[68] Roy Lubit. , Tacit knowledge and knowledge management：The keys to sustainable competitive advantage organizational dynamics, 2001, 29 (4).

[69] Wiig K. M. , *Knowledge Management Foundations* [M]. Schema Press, Arlington, TX, 1993.

[70] Holsapple C. , Joshi K. , Knowledge management：a three-fold framework [J]. *Kentucky Initiative for Knowledge Management*, 1997 (7).

[71] Buckley P. J. , Carter M. J. Managing cross border complementary knowledge：the business process approach to knowledge management in multinational firms [J]. *Carnegie Bosch Institute*, 1998 (2).

[72] Liebowitz J. Knowledge management and its link to artificial intelligence [J]. *Expert Systems with Applications*, 2001 (20).

[73] Heijst G, Spek R, Kruizinga E. Corporate memories as a tool for knowledge management [J]. *Expert Systems with Applications*, 1997, 13 (1).

[74] 巢乃鹏：《知识管理—概念、特征的分析》，《学术界》2000 年第 5 期。

[75] Mitri. Applying tacit knowledge management techniques for performance assessment. Computers and Education. 2003, 41 (2).

[76] Johannessen Jon-Arild, Olaisen Johan, Olsen Rn. Mismanagement of tacit knowledge：the importance of tacit knowledge, the danger of information technology, and what to do about it. *International Journal of Information Management*, 2001, 21 (1).

[77] [新西兰] 斯图尔特·巴恩斯编：《知识管理系统：理论与实务》，机械工业出版社 2004 年版。

[78] Hitt, Stacey James. Tacit knowledge contained in Internet/Web-based discussion group messages：[dissertation]. *The Union Institute*. 2001.

［79］Chun-Chieh Liao. A Field Study in the Externalizing of Tacit Knowledge in On-the-JobTraining ［J］. *International Journal of Management*, 2005, 22 (1).

［80］张喜征等:《基于案例的隐性知识挖掘研究》,《情报杂志》2006 年第 7 期。

［81］Koskinen. The role of tacit knowledge in innovation processes of small technology companies. *International Journal of Production Economics* 2002 (80).

［82］Kebin C. Desouza E. Vance. Facilitating tacit knowledge exchange ［J］. *Communications of the ACM*, 2003, 46 (6).

［83］王伟、黄瑞华:《知识转移的效率:知识特性和内部知识市场的影响》,《科学学与科学技术管理》2006 年第 3 期。

［84］Swap W, Leonard D. Shields M, Abrams L. Using Mentoring and Story-telling to Transfer Knowledge in the Workplace, *Journal of Management Information Systems*, 2001, 18 (1).

［85］石中英:《知识转型与教育改革》,教育科学出版社 2001 年版。

［86］范文杰:《论竞技项目中的隐性知识及其显性化》,《重庆工商大学学报》2006 年第 23 卷第 10 期。

［87］曹连众:《基于知识管理理论的竞技体育人才管理与评价研究》,国家体育总局体育社会科学研究成果汇编,2008 年。

［88］曹连众、赵婷:《自由式滑雪空中技巧国家队一线与二线运动员隐性知识水平比较分析》,《沈阳体育学院学报》2009 年第 28 卷第 3 期。

［89］迈克尔·波兰尼:《个人知识:迈向后批哲学》,贵州人民出版社 2000 年版。

［90］王前:《技术现代化的文化制约》,东北大学出版社 2003 年版。

［91］严云芬:《建构主义学习理论》,《当代教育论坛》2005 年第 8 卷。

［92］林东清:《知识管理理论与实务》,电子工业出版社 2005 年版。

［93］乔治·旺·克鲁夫, Ikujiro Nonaka, Toshihiro Nishiguchi:《知识创

新——价值的源泉》，经济管理出版社 2003 年版。

［94］Chun-Chieh Liao. A Field Study in the Externalizing of Tacit Knowledge in On-the-JobTraining ［J］. *International Journal of Management*, 2005, 22（1）.

［95］Koskinen Tacit knowledge acquisition and sharing in a project work context ［J］. *International Journal of Management*, 2003（21）: 281—290.

［96］王众托:《知识系统工程》，科学出版社 2004 年版。

［97］郭建恩、许百华、吴旭晓:《国外隐喻的理论研究与实践应用》，《心理科学进展》2004 年第 12 期。

［98］Donnellon A., Gray, Bougon M. G., Communication, meaning and organized action ［J］. *Administrative Science Quarerly*, 1986（31）.

［99］Dawn G. Blasko, Only the tip of the iceberg: Who understands what about metaphor, *Journal of Pragmatics*, 1999（31）.

［100］Stenberg R., *Metaphor of Mind: Conceptions of the Nature of Intelligence* ［M］. Cambrige University Press, 1990.

［101］王德禄:《知识管理:竞争力支援》，江苏人民出版社 1999 年版。

［102］王前:《技术现代化的文化制约》，东北大学出版社 2002 年版。

［103］Axelrod R., Structure of Decision: *The Cognitive Maps of Political Elites* ［M］. Princeton University Press, 1976.

［104］彼得·德鲁克:《21 世纪的管理挑战》，刘毓玲译，三联书店 2003 年版。

［105］徐绪松、吴强:《管理科学的前沿:复杂科学管理》，《光明日报》2005 年 5 月 10 日。

［106］周实奇:《迎接知识经济挑战，加强知识管理》，《管理科学文摘》2000 年第 1 期。

［107］陈泰明:《知识分享第二代知识管理以人为本》，《经济日报》2003 年 5 月 11 日。

［108］王德禄:《知识管理:竞争力支援》，江苏人民出版社 1999 年版。

[109] 郭建恩、许百华、吴旭晓：《国外隐喻的理论研究与实践应用》，《心理科学进展》2004 年第 1 卷第 4 期。

[110] 朱峰：《体验知识及其管理学意义》，《陕西教育学院学报》2005 年第 21 卷第 2 期。

[111] 王前：《中国传统知识的量化特征及其对数学发展的影响》，《自然辩证法研究》1999 年第 15 卷第 9 期。

[112] 莫永成：《跳高运动员比赛能力结构的初步研究》，《南京体育学院学报》2007 年第 21 卷第 2 页。

[113] 王庆福：《自由式滑雪空中技巧比赛作风和竞技能力的分析与思考》，《冰雪运动》2007 年第 29 卷第 6 期。

[114] 孙鹏：《体育人力资源开发与管理实务全书》，中国知识出版社 2007 年版。

[115] 罗家德：《社会网分析讲义》，社会科学文献出版社 2005 年版。

[116] 野中郁次郎：《知识创造的工作》，《南开管理评论》1998 年第 2 期。

[117] 黄哲霞：《不容忽视的高级技工短缺现象》，《工人日报》2003 年 11 月 11 日。

[118] 张庆普、李志超等：《企业隐性知识流动与转化研究》，《中国软科学》2003 年第 1 期。

[119] 李顺才、邹珊刚：《基于知识工程的隐含经验知识测度研究》，《科技进步与对策》2003 年第 20 卷第 9 期。

[120] 张亦学：《论隐性知识转化为显性知识的运行机制》，《聊城大学学报》（哲学社会科学版）2002 年第 4 期。

[121] 王前、冷云生：《意会性技术的若干理论问题》，《科学技术与辩证法》2003 年第 5 期。

[122] 方华：《企业管理者隐性知识的结构及其人格特质的关系研究》，《沈阳师范大学学报》2008 年第 7 期。

[123] 华梅芳：《知识管理探究》，《现代经济探究》2004 年第 12 期。

[124] 薛薇：《SPSS 统计分析方法及应用》，电子工业出版社 2013 年版。

［125］付彦:《知识共享型组织结构》经济管理出版社 2008 年版。

［126］罗宾斯、库尔特:《管理学》第 9 版，中国人民大学出版社 2008 年版。

［127］林丽珍:《运动队管理研究》，《体育科技》2005 年第 26 卷第 4 期。

［128］张建旭:《学习型组织：优秀运动对管理改革的新走向》，《体育学刊》2008 年第 15 卷第 4 期。

［129］马进荣:《优秀运动队管理若干问题的探讨马进荣》，《体育科技文献通》2010 年第 18 卷第 5 期。

［130］郭良:《浅析优秀运动队管理的原则与方法》，《山西体育科技》2010 年第 30 卷第 2 期。

［131］杨新芳:《人力资源管理理论与方法在专业运动队管理中运用的研究》，《广州体育学院学报》2005 年第 25 期。

［132］孟涛、杨芳:《中国儒家和谐思想与人文奥运》，《首都体育学院学报》2004 年第 16 卷第 3 期。

［133］陆升汉:《论创新是竞技教练员的核心素质》，《成都体育学院学报》2006 年第 28 卷第 6 期。

［134］董德龙、常金栋:《高水平运动员竞技表现及人格塑造》，《山东体育学院学报》2006 年第 22 卷第 4 期。

［135］戈炳珠:《自由式滑雪空中技巧探究》，人民体育出版社 2003 年版。

［136］欧晓涛:《自由式滑雪空中技巧男子发展趋势研究》，《沈阳体育学院学报》2006 年第 25 卷第 3 期。

［137］龙春生:《世界自由式滑雪空中技巧主要竞争对手实力分析与发展预测》，《沈阳体育学院学报》2004 年第 23 卷第 2 期。

［138］野中郁次郎:《知识创新性企业》，《哈佛商业评论》1991 年第 11 期。

［139］吴季松:《1984—2000 我的知识经济及其管理研究——从巴黎到北京》，北京科学技术出版社 2000 年版。

[140] 埃迪娜·温各、理查德·麦克德马、威廉姆·M. 施耐德：《实践社团——学习型组织知识管理指南》，机械工业出版社 2003 年版。

[141] 彼得·圣吉等著：《变革之舞——学习型组织持续发展面临的挑战》，东方出版社 2001 年版。

[142] 李富强、葛新权、吴永林：《知识共享的企业知识管理系统》，《中国软科学》2002 年第 10 期。

[143] [美] 哈里斯、[美] 哈特曼著：《组织行为学》，李丽等译，经济管理出版社 2004 年版。

[144] 金·S. 卡梅隆、罗伯特·E. 奎因：《组织文化诊断与变革》中国人民大学出版社 2006 年版。

[145] 托马斯·彼得斯、罗伯特·沃特曼：《追求卓越》，中央编译出版社 2001 年版。

[146] 张东军：《我国竞技体育组织的组织文化及其对组织效能影响的研究》，华中师范大学出版社 2006 年版。

[147] 威廉·大内：《Z 理论：美国企业界怎样迎接日本的挑战》，中国社会科学出版社 1984 年版。

[148] 李中国：《科学课教师胜任力特征模型实证性研究》，《教育研究》2012 年第 8 期。

[149] 戴斌荣：《定量与定性结合——心理学研究方法的发展趋势》，《盐城师范学院学报》（人文社会科学版）2005 年第 3 期。

中国雪上项目运动员行为
事件访谈（BEI）提纲

1. 访谈前的准备工作

（1）访谈人介绍

您好，非常荣幸能有机会认识您！为了较好地完成国家社科基金课题《隐性知识管理视域下中国雪上项目优秀运动员培养理论及机制创新研究》，对相关问题进行访谈。

（2）访谈目的

您是一位优秀的运动员，本次访谈的目的是想通过您对近四年比赛经历的回顾，选择6项关键比赛事例（成功、失败的各3项）来描述当时比赛的背景、环境、体会、情绪、成功（失败）的关键因素、采取的措施等，进而总结影响我国雪上项目运动员运动成绩的隐性知识内容要素。

（3）消除访谈对象的顾虑

①谈话过程保密

②录音过程保密

2. 访谈过程

（1）雪上项目运动员隐性知识的定义及相关内容介绍

向访谈对象简单介绍什么是雪上项目运动员的隐性知识，具有怎样的特征，并举例说明。

（2）请您先谈一下您的运动经历、自身的优势与不足、技战术特点、曾经取得的成绩。

（3）行为事件访谈

①最成功的三个关键比赛事例

在这个训练周期，您认为最成功的三个比赛事例是哪些？就每个事件紧密结合《竞技体育人才隐性知识内容要素词典》围绕以下问题提问：

- 比赛的背景（什么级别的、重要程度如何）？
- 比赛的情景和环境（比赛条件如何、场景）？
- 参赛其他选手的有关情况（综合实力、来源、技战术风格）？
- 赛场上成功完成技术动作的体会（技术稳定发挥的因素、感觉，如何实现的，基础是什么）？
- 自身情绪如何（比赛环境、条件、观众氛围等外界因素是否影响自身情绪；是如何控制的；是否影响技术水平的发挥）？
- 赛中遇到麻烦时是如何处理的（能从容应对的基础是什么）？
- 最后的比赛成绩怎样？
- 取得成功的关键因素有哪些（要有过硬的技术基础是什么，高水平的临场稳定发挥基础是什么，都是怎么获得的）？

②最不成功的三个比赛事例

此部分所要确定的问题同①。

③影响运动成绩的隐性知识内容要素

在充分介绍隐性知识定义、特征的基础上，围绕《雪上项目运动员隐性知识内容要素词典》内容，提出问题：请您尽可能运用描述性的语言来叙述影响运动成绩的隐性知识内容要素。

感谢您的大力支持！

附 录 2

中国优秀雪上项目运动员的教练员
行为事件访谈（BEI）提纲

1. 访谈前的准备工作

（1）访谈人介绍

您好，非常荣幸能有机会认识您！为了较好地完成国家社科基金课题《隐性知识管理视域下我国雪上项目优秀运动员培养理论及机制创新研究》，对相关问题进行访谈。

（2）访谈目的

×××是您培养的一名优秀运动员。每一次训练、比赛，您都和他并肩作战，优异成绩的取得也是您辛勤汗水的结晶。作为一名经验丰富的高级教练员，您对自己指导的运动员有着全面的了解，本次访谈的目的主要是想通过您对近四年指导他参加比赛经历的回顾，选择他的 6 项关键比赛事例（成功、失败的各 3 项）来描述当时比赛的背景、环境、体会、情绪、成功（失败）的关键因素、采取的措施等，进而总结出影响竞技体育人才运动成绩的隐性知识内容要素。

（3）消除访谈对象的顾虑

①谈话过的保密

②录音过程保密

2. 访谈过程

（1）竞技体育人才隐性知识的定义及相关内容介绍

向访谈对象简单介绍什么是雪上运动员的隐性知识，具有怎样的特征，并举例说明。

（2）请您先谈一下您的执教经历、指导运动员的优势与不足、技战术特点。

（3）行为事件访谈

①最成功的三个关键比赛事例

在这个训练周期，您认为他最成功的三个比赛事例是哪些？就每个事件紧密结合《竞技体育人才隐性知识内容要素词典》围绕以下问题提问：

- 比赛的背景（什么级别的、重要程度如何）？
- 比赛的情景和环境（比赛条件如何、场景）？
- 参赛其他选手的有关情况（综合实力、来源、技战术风格）？
- 赛场上技术稳定发挥的因素、感觉，如何实现的，基础是什么？
- 所指导的运动员情绪如何（比赛环境、条件、观众氛围等外界因素是否影响运动员情绪；是如何控制的；是否影响技术水平的发挥）？
- 赛中遇到麻烦时运动员的处理方式是什么（能从容应对的基础是什么）？
- 最后的比赛成绩怎样？您认为是否理想？
- 取得成功的关键因素有哪些（要有过硬的技术基础是什么，高水平的临场稳定发挥基础是什么，都是怎么获得的）？

②最不成功的三个比赛事例

此部分所要明确定的问题同①。

③影响运动成绩的隐性知识内容要素

在充分介绍隐性知识定义、特征的基础上，围绕《雪上项目运动员隐性知识内容要素词典》内容，提出问题：请您尽可能运用描述性的语言来叙述影响竞技体育人才运动成绩的隐性知识内容要素。

附录 3

调查问卷

尊敬的女士/先生，您好！

我的国家社科基金项目《隐性知识管理视域下中国雪上项目优秀运动员培养理论及机制创新研究》的课题组成员，想了解一下您对雪上项目隐性知识内容要素和比赛能力有关问题的看法，希望得到您的支持和配合！

《隐性知识管理视域下中国雪上项目优秀运动员

培养理论及机制创新研究》课题组

E-mail：caolianzhong0203@163.com

2011 年 8 月

第一部分　雪上项目运动员的基本信息

1. 您的性别是（　　　）

（1）男性　　　　　　　　　（2）女性

2. 您的年龄位于哪个阶段（　　　）

（1）20 岁以下　　　　　　　（2）20—29 岁

（3）30—39 岁

3. 您的运动年限为（　　　）

（1）5 年以下　　　　　　　（2）5—7 年

（3）7 年以上

4. 您的学历为（　　　）

    （1）高中/中专　　　　　　　（2）大专

    （3）本科　　　　　　　　　　（4）研究生

5. 您的运动等级（　　　　）

    （1）国际健将　　　　　　　　（2）国家级健将

    （3）国家一级　　　　　　　　（4）国家二级

6. 您的运动经历（　　　）

    （1）参加过世界三大赛　　　　（2）参加过其他国际大赛

    （3）参加过全冬会　　　　　　（4）参加过国内单项锦标赛

第二部分　　　优秀雪上项目运动员的教练员基本信息

1. 您的性别是（　　　）

    （1）男性　　　　　　　　　　（2）女性

2. 您的年龄位于哪个阶段（　　　　）

    （1）20—29 岁　　　　　　　（2）30—39 岁

    （3）40—49 岁

3. 您的学历为（　　　）

    （1）高中/中专　　　　　　　（2）大专

    （3）本科　　　　　　　　　　（4）研究生

4. 您的教练员等级为（　　　）

    （1）高级　　　　（2）中级　　　　（3）初级

5. 您的执教年限（　　　）

    （1）5 年以下　　　　　　　　（2）5—7 年

6. 您的执教经历为（　　　）

    （1）指导参加过世界三大赛

    （2）指导参加过其他国际大赛

    （3）指导参加过全运会

    （4）指导参加过国内其他单项锦标赛

第三部分 雪上项目运动员隐性知识
内容要素调查问卷

您认为该要素对于雪上项目运动员隐性知识的重要性是：

"极不重要"——请选择①　　 "不太重要"——请选择②

"一般水平"——请选择③　　 "比较重要"——请选择④

"非常重要"——请选择⑤　　 请在您选择对应的位置打√。

序号	要素	极不重要 ①	不太重要 ②	一般水平 ③	比较重要 ④	非常重要 ⑤
1	情绪自我控制力					
2	学习完成技术动作的领悟力					
3	完成技术动作的熟练程度					
4	沟通诀窍					
5	理解他人并接受管理					
6	运动项目组织内的影响力					
7	与教练及队友的合作协调能力					
8	技战术运用能力					
9	专业知识的深度及广度					
10	完成技术动作的表现力					
11	言说隐性知识的能力					
12	解决冲突的能力					
13	完成技术动作的自省力					
14	参赛动机					
15	训练比赛的自觉积极性					
16	比赛经验与阅历					
17	比赛中即兴发挥的能力					
18	意志力					
19	面对压力的自我调节力					
20	完成技术动作的方法及策略					
21	面对复杂比赛局面的应变力					

第四部分 雪上项目运动员比赛能力调查问卷

您认为下列雪上项目运动员比赛能力各指标的符合程度：

"完全不同意"——请选择①　　　　　"不同意"——请选择②

"说不准"——请选择③　　　　　"同意"——请选择④

"完全同意"——请选择⑤

序号	问题	评分				
		①	②	③	④	⑤
1	在比赛中能够较好地控制比赛节奏					
2	抓住比赛中某种偶然性因素使之有利于自身比赛能力提升					
3	主动、适时地调整好竞技状态以抓住战机，出奇制胜					
4	很好地处理比赛中出现的各种复杂局面					
5	具有良好的技战术素养和运用能力					
6	从事某项竞技项目并取得优异成绩需要的智能和心理能力					
7	具备从事某项竞技项目并取得优异成绩需要的体能					
8	能快速、主动地适应比赛环境					
9	对比赛规律有较为全面、深刻的理解和把握					
10	在千变万化的赛场上具有较强的即兴发挥的能力					

附录 4

雪上项目运动员隐性知识测评调查问卷

尊敬的专家：

您好！这是为完成课题研究而设计的调查问卷，目的是对运动员隐性知识要素进行测评，以寻求运动员保持可持续竞争优势的有效途径。

衷心感谢您的支持！

如果您需要本书成果，请留下您的通信地址或 E-mail。

《隐性知识管理视域下中国雪上项目优秀运动员
培养理论及机制创新研究》课题组
E-mail：caolianzhong0203@163.com
2011 年 8 月

一 基本信息

1. 您的身份属性是（ ）

　　（1）教练员　　　　　　　　（2）裁判员

　　（3）运动训练研究领域专家　　（4）运动项目管理者

2. 您运动经历的年限（ ）

　　（1）3 年以下　　（2）3—5 年　　（3）5—7 年　　（4）7 年以上

3. 您的运动等级（ ）

　　（1）国际健将　　　　　　　（2）国家级健将

　　（3）国家一级　　　　　　　（4）国家二级

4. 您的职位（职称）是（　　）

二　运动员隐性知识的测度

标度	含义
1	表示两个因素相比，具有同样重要性
3	表示两个因素相比，一个因素比另一个因素稍微重要
5	表示两个因素相比，一个因素比另一个因素明显重要
7	表示两个因素相比，一个因素比另一个因素强烈重要
9	表示两个因素相比，一个因素比另一个因素极端重要
2, 4, 6, 8	上述两相邻判断的中值

下面元素与运动员隐性知识关系		符合程度								
		同样重要	稍微重要		明显重要		强烈重要		极端重要	
1	元认知隐性知识	1	2	3	4	5	6	7	8	9
	人际技能隐性知识		2	3	4	5	6	7	8	9
2	元认知隐性知识	1	2	3	4	5	6	7	8	9
	专业技能隐性知识		2	3	4	5	6	7	8	9
3	元认知隐性知识	1	2	3	4	5	6	7	8	9
	个人特质隐性知识		2	3	4	5	6	7	8	9
4	人际技能隐性知识	1	2	3	4	5	6	7	8	9
	专业技能隐性知识		2	3	4	5	6	7	8	9
5	人际技能隐性知识	1	2	3	4	5	6	7	8	9
	个人特质隐性知识		2	3	4	5	6	7	8	9
6	专业技能隐性知识	1	2	3	4	5	6	7	8	9
	个人特质隐性知识		2	3	4	5	6	7	8	9

下面指标与元认知关系		符合程度								
		同样重要	稍微重要		明显重要		强烈重要		极端重要	
7	专业知识的深度及广度	1	2	3	4	5	6	7	8	9
	比赛中即兴发挥的能力		2	3	4	5	6	7	8	9
8	专业知识的深度及广度	1	2	3	4	5	6	7	8	9
	学习完成技术动作的自省力		2	3	4	5	6	7	8	9
9	专业知识的深度及广度	1	2	3	4	5	6	7	8	9
	学习完成技术动作的领悟力		2	3	4	5	6	7	8	9

续表

	下面指标与元认知关系		符合程度								
			同样重要		稍微重要		明显重要		强烈重要		极端重要
10	专业知识的深度及广度	1	2	3	4	5	6	7	8	9
	面对复杂比赛局面的应变力		2	3	4	5	6	7	8	9
11	比赛中即兴发挥的能力	1	2	3	4	5	6	7	8	9
	学习完成技术动作的自省力		2	3	4	5	6	7	8	9
12	比赛中即兴发挥的能力	1	2	3	4	5	6	7	8	9
	学习完成技术动作的领悟力		2	3	4	5	6	7	8	9
13	比赛中即兴发挥的能力	1	2	3	4	5	6	7	8	9
	面对复杂比赛局面的应变力		2	3	4	5	6	7	8	9
14	学习完成技术动作的自省力	1	2	3	4	5	6	7	8	9
	学习完成技术动作的领悟力		2	3	4	5	6	7	8	9
15	学习完成技术动作的自省力	1	2	3	4	5	6	7	8	9
	面对复杂比赛局面的应变力		2	3	4	5	6	7	8	9
16	学习完成技术动作的领悟力	1	2	3	4	5	6	7	8	9
	面对复杂比赛局面的应变力		2	3	4	5	6	7	8	9

	下面指标与人际技能隐性知识关系		符合程度								
			同样重要		稍微重要		明显重要		强烈重要		极端重要
17	沟通诀窍	1	2	3	4	5	6	7	8	9
	解决冲突的能力		2	3	4	5	6	7	8	9
18	沟通诀窍	1	2	3	4	5	6	7	8	9
	与教练及队友的合作协调能力		2	3	4	5	6	7	8	9
19	沟通诀窍	1	2	3	4	5	6	7	8	9
	运动项目组织内的影响力		2	3	4	5	6	7	8	9
20	沟通诀窍	1	2	3	4	5	6	7	8	9
	理解他人并接受管理		2	3	4	5	6	7	8	9
21	解决冲突的能力	1	2	3	4	5	6	7	8	9
	与教练及队友的合作协调能力		2	3	4	5	6	7	8	9
22	解决冲突的能力	1	2	3	4	5	6	7	8	9
	运动项目组织内的影响力		2	3	4	5	6	7	8	9

续表

下面指标与人际技能隐性知识关系		符合程度								
		同样重要	稍微重要		明显重要		强烈重要		极端重要	
23	解决冲突的能力	1	2	3	4	5	6	7	8	9
	理解他人并接受管理		2	3	4	5	6	7	8	9
24	与教练及队友的合作协调能力	1	2	3	4	5	6	7	8	9
	运动项目组织内的影响力		2	3	4	5	6	7	8	9
25	与教练及队友的合作协调能力	1	2	3	4	5	6	7	8	9
	理解他人并接受管理		2	3	4	5	6	7	8	9
26	运动项目组织内的影响力	1	2	3	4	5	6	7	8	9
	理解他人并接受管理		2	3	4	5	6	7	8	9

下面指标与专业技能隐性知识关系		符合程度								
		同样重要	稍微重要		明显重要		强烈重要		极端重要	
27	完成技术动作的方法及策略	1	2	3	4	5	6	7	8	9
	完成技术动作的表现力		2	3	4	5	6	7	8	9
28	完成技术动作的方法及策略	1	2	3	4	5	6	7	8	9
	完成技术动作的熟练程度		2	3	4	5	6	7	8	9
29	完成技术动作的方法及策略	1	2	3	4	5	6	7	8	9
	言说隐性知识的能力		2	3	4	5	6	7	8	9
30	完成技术动作的方法及策略	1	2	3	4	5	6	7	8	9
	比赛经验与阅历		2	3	4	5	6	7	8	9
31	完成技术动作的表现力	1	2	3	4	5	6	7	8	9
	完成技术动作的熟练程度		2	3	4	5	6	7	8	9
32	完成技术动作的表现力	1	2	3	4	5	6	7	8	9
	言说隐性知识的能力		2	3	4	5	6	7	8	9
33	完成技术动作的表现力	1	2	3	4	5	6	7	8	9
	比赛经验与阅历		2	3	4	5	6	7	8	9
34	完成技术动作的熟练程度	1	2	3	4	5	6	7	8	9
	言说隐性知识的能力		2	3	4	5	6	7	8	9
35	完成技术动作的熟练程度	1	2	3	4	5	6	7	8	9
	比赛经验与阅历		2	3	4	5	6	7	8	9

续表

下面指标与专业技能隐性知识关系		符合程度							
		同样 重要		稍微 重要		明显 重要		强烈 重要		极端 重要
36	言说隐性知识的能力	1	2	3	4	5	6	7	8	9
	比赛经验与阅历		2	3	4	5	6	7	8	9

下面指标与个人特质隐性知识关系		符合程度							
		同样 重要		稍微 重要		明显 重要		强烈 重要		极端 重要
37	参赛动机	1	2	3	4	5	6	7	8	9
	比赛中的情绪自我控制力		2	3	4	5	6	7	8	9
38	参赛动机	1	2	3	4	5	6	7	8	9
	面对压力的自我调节力		2	3	4	5	6	7	8	9
39	参赛动机	1	2	3	4	5	6	7	8	9
	训练比赛的自觉积极性		2	3	4	5	6	7	8	9
40	参赛动机	1	2	3	4	5	6	7	8	9
	意志力		2	3	4	5	6	7	8	9
41	比赛中的情绪自我控制力	1	2	3	4	5	6	7	8	9
	面对压力的自我调节力		2	3	4	5	6	7	8	9
42	比赛中的情绪自我控制力	1	2	3	4	5	6	7	8	9
	训练比赛的自觉积极性		2	3	4	5	6	7	8	9
43	比赛中的情绪自我控制力	1	2	3	4	5	6	7	8	9
	意志力		2	3	4	5	6	7	8	9
44	面对压力的自我调节力	1	2	3	4	5	6	7	8	9
	训练比赛的自觉积极性		2	3	4	5	6	7	8	9
45	面对压力的自我调节力	1	2	3	4	5	6	7	8	9
	意志力		2	3	4	5	6	7	8	9
46	训练比赛的自觉积极性	1	2	3	4	5	6	7	8	9
	意志力		2	3	4	5	6	7	8	9

问卷到此结束，衷心感谢您的支持！

附 录 5

雪上项目运动员隐性知识内容要素
辞典编码示例

雪上项目运动员隐性知识内容要素辞典编码示例（1）

级别	比赛中即兴发挥的能力——比赛中发挥自己真实水平的能力
1	比赛中大多时候不能将自己的真实水平正常发挥出来
2	比赛中基本能发挥出自己的真实水平，但偶尔会出现失误
3	比赛中能充分发挥自己的真实水平，几乎没有失误
4	比赛中不仅能充分发挥自己的真实水平，而且偶尔能超常发挥
5	比赛中不仅能充分发挥自己的真实水平，而且经常能超常发挥

雪上项目运动员隐性知识内容要素辞典编码示例（2）

级别	训练的自觉积极性——平时参与训练活动的自觉性和积极性
1	在平时的训练活动中，总是抱有侥幸心理，主动性较差
2	基本能够正常地参加训练活动，但有时会懈怠，情绪低落，主动性一般
3	能够参加正常的训练活动，也很刻苦，但克服伤病参与训练的自觉性较差
4	能够积极、刻苦地参与正常的训练活动，能克服伤病参加训练
5	能够积极、刻苦、带伤病参与训练，且能针对自身不足自觉延伸训练

后　　记

　　近年来，虽然有关知识管理理论与技术的研究成果颇丰，但基于知识管理理论的视角对竞技体育人才的培养进行研究还是个全新的领域。本书虽然尝试运动员多种研究方法对诸如雪上项目运动员隐性知识的定义、特征、要素、演化机制、结构模型、内部层次、功能、测评及培养理论与机制进行了研究，但由于时间及本人研究能力等因素的限制，使得本书仍存在一定的局限性，例如，在雪上项目优秀运动员隐性知识相关基本理论问题上，还没有对其形成的外部环境、传递路径进行具体的论述；虽然提出了具有一定价值的培养理论和运行机制，但还比较泛泛，缺乏系统性；另外，优秀运动员培养本身是一个系统工程，影响因素诸多，本书选择以隐性知识管理相关理论为支撑来系统研究我国雪上项目优秀运动员培养理论及机制，视角虽有创新，但诸如教练员执教能力、训练条件与保障等许多影响人才培养质量的因素并未统筹考虑，等等。

　　以上，对本书的局限性做了一些说明。应该说，由于竞技体育人才隐性知识的相关研究起步较晚，无论是理论层面的问题研究，还是实践层面的探索，可借鉴的成果均较少，进行此项研究工作，确实遇到许多困难，本书只是做了一些尝试性的工作，有些方法、观点可能不尽正确，也难免会有疏漏乃至错误之处，恳切希望学界专家、同人批评指正。

　　本书能顺利付梓出版，首先要感谢国家哲学社会科学规划办公室的资助，同时还要感谢中国社会科学出版社孔继萍老师对书稿出版付出的辛勤努力！

　　另外，我要特别感谢我的博士生导师王前教授。本书从研究立意到最终定稿，无不凝结着导师的辛勤汗水。导师扎实渊博的专业知识、缜密的思维方式、严谨的治学态度和踏实不苟的工作风格，引领我走进学术殿堂。涉足知识管理这个全新的领域，多少次困惑和迷茫，是导师的点拨和鼓励让我豁然开朗，柳暗花明，让我坚定地沿着既定的研究方向前行。在此，向导师表达最诚挚的感谢和最衷心的祝福！

　　本书的完成也得益于众多的老师、同学和朋友的帮助。在此深深感谢大连理工大学的刘则渊教授、王续琨教授、王子彦教授、丁堃教授、姜照华教授等，他们在本书完成过程中给予我极大的鼓励、支持和鞭策！

　　感谢我们团队的每一个人，感谢大家为本书的出版所贡献的聪明才智！特别感谢我的研究生华雪、武彬彬、孙艺铭为此书付出的辛勤努力！

　　感谢国家体育总局冬季项目管理中心的各位领导和自由式滑雪空中技巧国家队的领队对我的支持和帮助，特别感谢自由式滑雪空中技巧国家队的教练组和韩晓鹏、李妮娜、郭心心、赵珊珊、徐梦桃等运动员对我的大力支持和配合！

　　感谢研究中所参阅的文献的作者，他们的研究成果给了我极大的帮助和启迪，在此不能一一列出，谨向他们表示衷心的感谢！

曹连众

2016 年 3 月于沈阳